精神障害のある人の権利Q&A

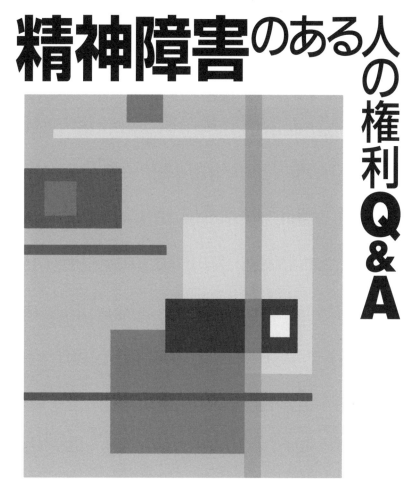

編　DPI日本会議
　　大阪精神医療人権センター

解放出版社

はじめに
──障害者権利条約を活用し、精神障害のある人の人権に光を

　日本は、2014年に障害者権利条約（以下、権利条約）を批准しました。しかし、障害者にかかわる人権の問題において、日本ではいまだ、さまざまな課題があります。本書は、そのうちのひとつである、精神障害のある人の人権の課題についてまとめました。

　医療制度の構造をはじめとする日本社会のあり方によって、精神障害のある人たち（障害があるとみなされた人も含め）の人生にも深刻な人権侵害の被害がもたらされてきました。そのことは、拷問等禁止条約に基づく日本の締約国報告審査などを通じ、国際社会に知られつつあります。

　本書では、精神障害のある人たちが「他の者との平等を基礎として」暮らせる日本社会の課題について、日本が国際社会に向け遵守を誓い批准した権利条約の理念に基づいて、わかりやすく解説しました。

　権利条約の条文と本書の設問は、複数条文間に重なりつつも、主として以下のように関連・対応しています。

　　1条〜4条　目的、定義、一般原則、一般的義務→Q11・14
　　6条　障害のある女性→Q16・17
　　7条　障害のある児童→コラム9・10
　　12条　法律の前にひとしく認められる権利→Q20など
　　14条　身体の自由及び安全→Q2・3・5・6・7・19
　　15条　拷問又は残虐な、非人道的な若しくは品位を傷つける取扱い若しくは刑罰からの自由→Q2・3・5・6・7・14・

　なお、本書では、「精神障害のある人」という言葉について、精神疾患・障害（権利条約の文言では「心理社会障害（psychosocial disabilities）」）のある本人や精神科医療および保健福祉サービスのユーザーを表すために使っています。

　本書の編集に携わった認定NPO法人DPI（障害者インターナショナル）日本会議は、障害種別（身体障害、知的障害、精神障害、難病など）を超え、障害当事者団体が加盟する全国組織で、どんなに重い障害があっても、障害のある人が障害のない人と同等に地域で生活し参加できる社会の実現を目指し、政策提言などの活動を行っています。国内の障害者団体の集まりである日本障害フォーラム（JDF）にも参画し、権利条約のJDFパラレルレポート作成特別委員会事務局を分担しています。また、日本政府が権利条約批准後、国連障害者権利委員会に初の締約国報告を提出した年である2016年には、障害のある人が人生の諸段階で直面しうるさまざまな課題について、解決に向けた仕組みづくりを志向し、Q&A形式にまとめた前書、DPI日本会議編『知っていますか？　障害者の権利一問一答』（解放出版社）を発行しました。

　同じく編集に携わった認定NPO法人大阪精神医療人権センターは、障害の有無にかかわらず安心して暮らせる社会を目指し、精神

科医療および社会生活における精神障害のある人の人権を擁護する活動を行うとともに、それらを通じて精神障害のある人に対する社会の理解促進を図るべく活動しています。当事者、家族、医療・福祉従事者、弁護士、学識経験者、マスコミ関係者などの広範な立場の人が世代を超えて参加し、精神科病院に入院中の人々への個別相談や、精神科病院への訪問活動、精神科医療および精神保健福祉分野への政策提言活動などを行っています。

　最後に、「精神科医療を受ける当事者の側に立ち、本人の言いたいことを聴き、その声が他の人に届くように働きかけるという、大阪で行われているような本来のアドボカシー活動の根幹が伝わるような、そして、権利条約が精神障害のある人やその家族などの生活・人生にどんなふうに関わりうるのか伝わるような本があれば」という会話から、本書企画の実現に向け粘り強く働きかけを続けてくださった解放出版社の尾上年秀さん、また企画・原稿執筆・編集・校正に携わってくださった多くの皆さまに感謝申しあげます。

認定NPO法人DPI日本会議 議長　平野みどり

認定NPO法人大阪精神医療人権センター 代表　位田　　浩

認定NPO法人大阪精神医療人権センター 代表　大 槻 和 夫

Q1

長い間、精神科病院に
入院させられるとは、
どのような経験なのでしょうか？

　東北地方で生まれ、幼いころに母親と死別しました。父親は再婚しましたが私は義母とうまくいかず、放浪癖がついて何度も家出をするようになりました。

　最後に東京に働きにきたときには、だまされて給料を全部取り上げられてしまい、身の危険を感じてその職場から逃げ出しました。警察で職務質問を受け、父の弟にあたる叔父が迎えに来てくれました。高校中退後、16歳で叔父のレストランで働きましたが、長続きせず飛び出して何日間も帰らなかったこともありました。

　その後、関東地方の店で働き始めましたが、そこも何度も私が家出をするため辞めることになりました。F県から迎えに来た父親にそのとき、「電車から飛び降りて死のうか」と言われました。

最初の入院

　レストランで働いていた当時、終業後、別の飲食店でビールを飲み酔っぱらって帰宅し、レストランのマスターに向かって、買ってきた果物ナイフを見せびらかし、「都心で店を出す」と言いました。気持ちが高揚し、落ち着きがなくなっていきました。マスターが叔父を呼び、叔父はすぐにF県から私の父を呼び、駆けつけた父親が私を都内の精神病院に連れて行きました。医師に「今、どんな気持ちですか」と聞かれ「酒に酔ったようないい気分だ」と答えたところ病名がアルコール依存症とついたと後で教えられ、驚きました。

　その東京の病院は古くて木造の小さな病院でした。2年半入院して入院生活が嫌になりました。脱走を企てて以前働いていたレストランに足を運んだところ、叔父によってまた精神病院に入れられ、

そこにさらに1年半入院しました。

　幼いころから父親との関係は良く、家族の中で唯一父が見舞いに来てくれました。脱走から戻された直後に父が面会に来た際、帰るときに見た父の背中が昔より小さく不憫（ふびん）に思え、私はこう決心しました。「今度行く病院では絶対脱走はしない。嫌なことがあっても絶対逃げない。F県の精神病院に行ったら、模範の患者になろう」

労働

　F病院に転院すると「院外作業」と称して養鶏場での作業をさせられました。得られたのは1日たった800円で、そこから諸経費（手数料や年一回の旅行代など）が差し引かれ、受けとるのはわずか350円でした。月額で7,000円程度にしかならなかったけれど、まじめに作業に従事しました。

　養鶏場の仕事は、鶏ふん出しやケージ作り、鶏の引っ越しなどでした。鶏ふん出しは毎日のことで重労働でした。梅雨時はトラックの荷台に鶏ふんを捨てるときにぬれて鶏ふんがはね、私の口や鼻にかかって大変でした。もっと過酷だったのは鶏の引っ越しで、何百羽という鶏が騒いで羽毛や粉塵が散らばり、私の鼻や口に入ってしまったこともありました。がまんして勤めつづけましたが、15年近く働いてもまったく退院の話が出ないので、とうとう辞めました。

　その後、しばらくは何もせずに入院生活を送っていましたが、やがて「また働きたい」という気持ちがめばえ、今度は院外作業のプラスチック工場のカセットの部品作りに1年半近く従事しました。

　どんなにまじめに働いても退院させてもらえませんでした。私より後から入院した人が、次から次へと退院していきました。皮肉なことに、私は「模範の患者」としてまじめに働いていたために退院できなかったのです。そこに矛盾を感じた私は、プラスチック工場を辞めました。

　その後また働きたいという気持ちになり、院内作業として入院患者の配膳の手伝い、糖尿病患者向けの食事の盛り付けなどの作業を

16年近く行いました。ここまで努力をしても退院の話がされること
はなく、内心ずっと、「こんな病院はおかしい」と感じていました。

東日本大震災の発生、退院へ

2011年3月11日、東日本大震災が発生、被災地のF病院の天井の
配管から漏れた水が噴き出し、床に水が40cmくらいたまりました。
地震の翌日、近隣県の交通事業者のバスが迎えに来て、入院患者全
員があちこちの病院に転院していき、私は隣県の病院の閉鎖病棟へ
運ばれました。

情緒不安定で被害妄想的になりましたが徐々に落ち着き、閉鎖病
棟から開放病棟に行かないかと主治医に打診されました。病棟が満
員のため高齢者が多い病棟のほうに移ったところ、知的障害の女性
患者がいました。その人がときどき高齢の女性患者ともめて暴れ、
テーブルをひっくり返したりして、私は何度か止めに入りました。

そうした行動が評価されたのか、あるとき主治医から、グループ
ホームへの退院の話が出されました。しかし私は「退院なんかでき
ない。免許もないし、やっていく自信がぜんぜんない」と答えてし
まいました。主治医は「あなたならできると思う」と言いました。

以前、F病院の入院時に、作家だという患者から、「あなたみた
いな何も悪くないような人が30年も入院しているのはおかしい」と
言われたことを思い出しました。当時は退院する気はまったくな
かったのですが、東日本大震災以降に障害年金を受けるようになっ
て経済的にゆとりが出てきたこともあり、退院を決意しました。

ところが退院日の近くになって、発熱を伴うかぜを引いてしまい
ました。懸命に食事をとって体調を整えた結果、退院の2、3日前
に熱が下がり、退院の運びとなりました。約39年にわたる入院でし
た。

グループホームからアパート暮らしへ

関東地方北部のG県にあるグループホームに3泊4日し、徐々に

周囲の人といろいろな話をしてなじんだこともあり、退院後はその
グループホームで生活を始めました。入居者でなかなか一人立ちす
る人がいなかったため、グループホームに2年くらい住んだ後、地
元の地域活動支援センターのスタッフに一軒家を探してもらって県
内のアパート（家賃35,000円）に住むこととなりました。そのアパー
トに引っ越し、以来5年近く住んでいます。

ピアサポート活動、趣味、講演活動

　あるとき、ピアサポートをやってみないかという話が出ました。
地域活動支援センターにいた女性がピアサポート活動として利用者
と話すボランティア活動をしており、興味を抱いた私が「それはど
のような活動ですか」という質問をしてみたことがきっかけでした。
ピアサポート活動は主に精神病院の入院患者をサポートする仕事と
聞いて、「じゃあ私も精神病院に入院していたから、同じ目にあっ
ている人を助けたい」と思いました。病院訪問活動では入院患者の
交流活動も行っています。

　現在まで、ピアサポート活動を7年ほど継続しています。つい先
日はG県内の医療センターで講演の場に登壇し、医院長とも対談を
しました。

　私は絵を描くのが好きで、知人と個展を開いたこともあります。
出演したNHKドキュメンタリー「長すぎた入院」（2018年2月）の
放送をきっかけに講演の機会も増えました。

　長い入院の間、一時はすっかり退院はあきらめていました。しか
し退院して地域で暮らしている現在、やっぱり夢だけはもったほう
がいいと思います。いつかはかなうという気構えでいれば、夢はか
ないます。　（DPI障害者政策討論集会〈2019年11月24日〉での発表より）

伊藤 時男

Q2

精神科病院では、入院中の方の自由や権利は守られていますか？

精神科に入院中の方から届くたくさんの「声」

　認定NPO法人大阪精神医療人権センターでは、精神科に入院中の方から電話相談を受けており、たくさんの声が届いています。

　以下では、大阪精神医療人権センターに届いた声（「人権センターニュース」2020年2月号、4月号）を紹介します。今でも、精神科病院では、当たり前の自由が制限され、助けを求めている人たちがたくさんいることがわかります。

　「なぜ入院させられたかもわからないし、助けてほしい。主治医の診察もないし、看護師も特に何も説明してくれない。どうしたらいいですか？」

　「閉鎖病棟に隔離されている。早く開放病棟への移動や開放対応をしてほしい」

　「自分は半年以上外出ができていない。外出したい」

　「入院していた時に、手紙の検閲があったり、男性看護師の横でしか電話できなかった。そして暴力もあった。話を聞いてほしい」

　「治療計画書は渡されていない。病院で人生を終わりたくない」

　「PSW（精神保健福祉士）に退院の相談をしたくて声をかけたところ、それがしつこかったということで外出制限をかけられた」

　「看護師さんが汚い言葉、きつい言葉を使う。トイレなど、清潔が保たれていない。何のため入院しているのかわからない」

　「10年以上入院しているため、退院が遠く感じられ、病院生活が日常になっている」

　なぜ、精神科に入院中の方から、このような「声」がたくさん届くのでしょうか。日本の精神医療の現状や課題を解決していくためには、私たちは、このような「声」に向き合い、入院中の方の自由を実現するために動き出す必要があります。

閉鎖病棟、強制入院、身体拘束・隔離

　精神科病院では、病棟の出入り口が常時施錠され、自由に出入りすることができない病棟（閉鎖病棟）が存在します。また、精神保健福祉法という法律では、精神障害を理由とする本人の意思に反した入院（強制入院）、身体拘束や隔離等の行動制限を認めています。

　閉鎖病棟での処遇、強制入院、身体拘束・隔離は、恐怖心、屈辱感を与え、深刻なトラウマを生み出し、人間の尊厳を深く傷つけます。また、強制入院の理由を精神障害としており、精神障害のある人が問題を起こしやすい、社会から隔離、遮断されても仕方がないという誤解や偏見、差別意識を生み出します。

　このような弊害を生み出す強制入院は、国際的にも、なくしていかなければならないという方向で動き出していますが（詳細はＱ５）、日本では、このような方向と逆行し、約27.2万人の入院者のうち、強制入院である医療保護入院が12.7万人（約47％）を占め、新規の医療保護入院の届出件数も年間約18万件となっており、2003年と比較すると70％も増大しています。しかも、強制入院をはじめとする医療者の強大な権限は、精神医療ユーザーと医療者の信頼関係の構築に必要となるコミュニケーションを軽視または無視する結果につながります。

　また、日本では、精神科病床（約30万病床）のうち、

任意入院　141,818人
医療保護入院　127,429人
措置入院 1585人　その他 860人　不明 404人　合計 272,096人　2019 年精神保健福祉資料
日本の精神科病院に入院中の方のうち 129,014 人は強制入院です。

約22万病床（約71%）が終日閉鎖の病棟であり、任意入院であっても、その多くが終日閉鎖の病棟で過ごすことを余儀なくされ、自由が奪われる状況を常態化させています。

その他
16,333床
5.2%

夜間外開放
72,633床
23.5%

全体
308,236床

終日閉鎖
219,270床
71.1%

2019年精神保健福祉資料

さらに、身体拘束や隔離の件数は増え続けており、身体拘束による静脈血栓塞栓症のリスク増加により命が奪われるケースも生じています（詳細はQ6）。

長期入院、社会的入院

日本では、約27.2万人が精神科に入院していますが、1年以上の長期入院が約16.5万人（約60%）、5年以上の長期入院が8.4万人（約30%）、10年以上の長期入院が約4.9万人（約18%）となっています。長期入院は、自分が生活したいところで生活し、自分が行きたいところに行くという当たり前の自由を制限してしまっています。

長期入院の多さをみれば、社会的入院者（医療的にみると入院治療の必要がないにもかかわらず、入院継続を余儀なくされている方）が多くいることは明らかです。社会的入院は、その方の人生を奪う人権侵害であり、なくしていかなければなりません。「退院できない理由」について、医療者から「病識（自分は病

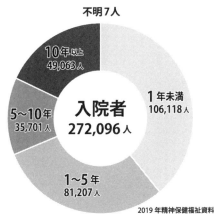

不明7人

10年以上
49,063人

5～10年
35,701人

入院者
272,096人

1年未満
106,118人

1～5年
81,207人

2019年精神保健福祉資料

気であるという認識）がない」と言われることがあります。ただ、これまで病院職員から、病気や入院の理由、治療内容について説明を受けたことがないという声も多く、また、「病識」について説明を求めても、十分に説明できない医療者もいます。

　また、社会資源の不足が指摘されることもありますが、日本でも利用できる医療や福祉サービスは、まだ不十分であるものの、いろいろあります（詳細はＱ８、Ｑ９）。

　退院できない理由は、入院者本人の症状のためではなく、周囲や社会の理解や認識が不足していることにあります。

精神科病院で繰り返される暴行・虐待事件

　2020年３月、神戸市西区の精神科病院において、同病院の複数の職員らによる入院者に対する暴行・虐待事件が発覚しました（神出病院事件）。報道によれば、①トイレ内で入院者を裸にしていすに座らせ、シャワーなどで水をかけた、②柵付きベッドを逆さに覆いかぶせて閉じ込めた、③入院者同士にキスや性的行為をさせており、このような残虐な行為に６名の看護師が関与しており、「患者のリアクションがおもしろかった」と話していたということです。

　過去にも宇都宮病院事件や大和川病院事件でも表面化されましたが、その後も精神科病院では虐待事件が何度も続いています。神出病院事件も氷山の一角にすぎません。

　このような暴行・虐待事件が起きたとき、特定の精神科病院や職員個人の問題として終わらせてはいけません。こうした事件が起こらないようにしていくためには、被害の実態・原因の徹底的な解明とともに、精神障害を理由とする差別的な取り扱いや精神科病院の密室性、閉鎖性という構造的な問題（閉鎖病棟や強制入院を含む）をなくしていかなければなりません。構造的な問題がなくならない限り、繰り返され続けます。

　その構造的な問題を解決につなげるためにも、精神障害を理由とする差別的な取り扱い（閉鎖病棟・強制入院・行動制限）をなくすと

ともに、「人権」や「人間の尊厳」の大切さという価値観を社会に普及させていかなければなりません。

　そのためにも、入院中の方の立場に立った権利擁護の仕組みを構築し、この仕組みを拡充させ、社会を変えていく必要があります（詳細はQ3、Q4）。

精神科に入院中の方の自由が守られること
安心してかかれる精神医療の実現を目指して

　精神科に入院中の方の声や日本の精神医療の現状を見てきましたが、残念ながら、精神科に入院中の人たちの自由や権利が十分に守られているとはいえません。

　精神科病院は、隔離収容するための施設ではなく、「医療」を提供する場所です。「医療」は、生命の尊重と個人の尊厳が守られ、医療の担い手と医療のユーザーとの信頼関係に基づき行われなければなりません。

　精神医療も「医療」である以上、精神障害のある人の自由が守られ、安心してアクセスできるようにしていかなければなりません。

　そのためには、精神障害のある人の自由が十分に守られ、「安心してかかれる精神医療」を目指す必要があります。

　「安心してかかれる精神医療」は、精神医療のユーザーだけが求めているわけではなく、精神医療の担い手（医療福祉従事者）にとっても大切なことです。

　精神障害に対する差別や偏見をなくし、「できない理由」ではなく、「どうすればできるのか」という視点で、精神科に入院中の方から届く声に向き合い、精神科に入院中の方の自由や権利が守られていない現状を変えていく必要があります。

　そのためにも、当たり前の自由が制限されている状況を変えていかなければならないという思いを共有できる人たちが集まり、閉鎖病棟、強制入院、身体拘束・隔離をなくしていくという目的を共有し、中長期的な計画をもって取り組んでいく必要があります。

細井　大輔

Q3

精神医療ユーザーのためのアドボカシーが必要とされる理由や海外の取り組みについて教えてください。

アドボカシーの意義

アドボカシーには次のような定義があります。

「ソーシャルワークアドボカシーとは、公的な議論の場において、ある対象者または同様の問題を抱えるグループの代弁者として、その対象者（グループ）を第一に優先し、かつ彼らと対等に協力し合いながら、不当または無責任なシステムのなかで行われる対象者（グループ）をめぐる決定に対し、体系的に影響を与えることを目指している」（『The Encyclopedia of Social Work』第20版 2008年）

この定義は、①異議申し立ての場における代弁、②対象者たちを最優先に考え対象者と協働しながら代弁すること、③不当または無責任なシステムの意思決定に体系的に影響を与えることを目指すこと、の３つに分解することができます。

以後、この３点に基づき、精神医療ユーザーの人権が侵害されやすい精神科病院でのアドボカシーについて考えてみます。

精神医療でアドボカシーが必要とされる３つの理由

①強制入院（措置入院や医療保護入院）においては、「自傷他害のおそれ」を判断基準に、本人の意に反して強制的に隔離・拘束がされています。本来なら逮捕監禁罪に当たるような行為でも、精神保健指定医が医療的な必要性を判断すれば、特例的に認められています。これは著しい私権の制限であり、対象とされた者には迅速に異議申し立てする機会が設けられる必要があります。

そのとき、強制的に個人の自由が制限された混乱状態において精

神医療ユーザー本人が気持ちを落ち着け考えを整理し、さらに専門職の判断を覆すためには、精神医療ユーザーと一緒にその整理を行い、時にはユーザーと共に医療専門職に整理した考えを伝える第三者の存在が必要不可欠といえます。

　また、②隔離・拘束が合法的に可能であり、部外者が立ち入りにくく、障害者虐待防止法の通報義務の対象からも外れている精神科病院では虐待や権利侵害が起こり続けています。精神医療ユーザーは「言動の異常な人」とラベルが貼られがちで、ユーザーの言動より医療者の言動のほうが信頼されやすい状況にあります。そのため、権利を侵害・制限する医療機関から独立した第三者が対象者を最優先に考え協働しながら代弁しないとユーザーの声はかき消されてしまいます。また、声を上げることができた人は氷山の一角で、主張するのを諦めている「同様の問題を抱えるグループ」も視野に入れた代弁が求められます。

　③発覚した一つの権利侵害事例の背後には、他病棟・病院で100の類似事例が生じている可能性があります。そのため、個別処遇の問題を「不当または無責任なシステム」の意思決定課題ととらえ、そこに「体系的に影響を与える」ことにより、権利侵害や虐待が起こりやすい土壌そのものを改善することもアドボカシー活動の一つといえます。

アドボカシー制度の運用
カリフォルニア州の仕組みから

　上記の３点をどのように実践できるのか。アメリカ・カリフォルニア州での実例に基づいてみてみます。

　アメリカでは連邦法で公的権利擁護機関の設置が義務づけられており、カリフォルニア州ではDisability Rights California（以下DRCと略）がその任を果たしています。DRCは年間約28億円の政府助成金を基に障害者のアドボカシー活動を行い、弁護士や権利擁護者（後述）など多様なスタッフが従事する、行政や医療機関からも独立したアドボカシー組織です。

①異議申し立ての場における代弁に関しては、強制入院から72時間後、および14日後にも、その強制入院の当否を判断する聴聞会が病院内で開かれます。この際、聴聞者に対し、強制入院の妥当性に関して、医療専門職と精神医療ユーザーがお互いの意見を主張します。各病院に「患者の権利擁護者（Patients' Rights Advocate）」が配置されており、この聴聞時においてユーザーの主張を整理し、強制入院の必要性がないことを訴えるための代弁を行っています。

②この整理や代弁においては、権利擁護者と精神医療ユーザーとの協働が必要不可欠といえます。ユーザーの言動が一見非合理に思えても、なぜそのような言動をするのかを本人に質問しながら、本人の内的合理性を理解し、それを聴聞会などでの主張の前提とする協働作業が権利擁護者には求められています。また、精神医療ユーザーの訴えは、個別処遇の問題ではなく病棟や病院全体の構造的課題である場合も少なくありません。DRCのスタッフには、病院のカルテや保護室へのアクセス権限も与えられているため、虐待や権利侵害の事案に関しては独立した第三者として病院に立ち入り、その問題をユーザーの視点に立って調査することも可能です。

③上記調査に基づき、病院スタッフへの教育を行うことも、DRCの使命の一つといえます。表面化した虐待や権利侵害事案を調べるなかで、同様の課題が他のユーザー・病棟・病院でも起こりうる可能性があります。

それらを監視するだけでなく、未然に防ぐための州法改正にむけたロビー活動もDRCは行ってきました。その結果、精神科病院での隔離拘束時間の情報公開などの州法改正にも結びつきました。

また、不適切な処遇をどのように改善したらよいのかに関して報告書やトレーニングなどでの改善案の提示にも取り組んできました。こうしたことを通じて、「不当または無責任なシステムの意思決定に体系的に影響を与えること」を目指した活動であるといえます。

日本の精神医療の課題
アドボカシーの視点から

　カリフォルニアのDRCの事例と比較した際、日本の精神医療ユーザーへのアドボカシーの課題が明確になります。

　①入院中の精神医療ユーザーの声をしっかりと反映・代弁する仕組みが不十分です。ユーザーが異議申し立てしても「病気のせい」「被害妄想」などと矮小化されやすい状況にあります。また、強制入院への異議申し立ての手段として、退院請求や処遇改善請求が存在していますが、そもそもそのような権利が存在することも権利行使をどうやってよいのかも、強制的に入院させられた人は理解していない場合がほとんどです。それらの権利が存在することをユーザーに伝え、権利行使を入院者の側に立ってサポートする存在が必要不可欠といえます。ただ、日本で現存する権利擁護システムである精神医療審査会は、「中立・公平」原則に縛られ、精神医療ユーザーの見方・味方となって代弁するシステムになっていません。

　②それゆえ、日本では漫然と権利侵害が行われやすい「治療文化」が存在します。精神科病院への1年以上の長期入院が16.5万人と入院患者の6割を占めています（「精神保健福祉資料」2019年）。また任意で入院した人なのに終日閉鎖病棟で処遇されているケースが8.3万人もいます。身体拘束はこの20年で2倍以上に増えています。これらは、精神医療の権力構造に関する批判的視点の欠落・矮小化を象徴している事例といえます。

　③精神科病院での虐待や権利侵害は、毎年のように繰り返し報道されています。だが個別処遇の問題（ミクロ）を病院組織の課題（メゾ）や精神医療の構造的課題（マクロ）に変換する機能がありません。個別案件が他の病棟・病院でも起こりうる氷山の一角の事例と扱われず、メゾ・マクロ的な解決策が模索されていません。

　これはアドボカシーが著しく欠けた、不十分な状況がもたらす構造的帰結といえます。

竹端 寛

Q4

認定NPO法人大阪精神医療人権センターの目的、大切にする価値観、活動内容を教えてください。

大阪精神医療人権センターの目的
（ミッション）

大阪精神医療人権センターの目的（ミッション）は、精神医療及び社会生活における精神障害のある人の「人権」を守るための活動を行うとともに、それを通じて精神障害のある人に対する社会の理解を促進し、障害の有無にかかわらず、誰もが安心して暮らせる社会に一歩でも前進させることに貢献することです。

大阪精神医療人権センターは、1985年に当事者、家族、医療・福祉従事者、弁護士等が立場を超えて活動を開始しました。現在は、個別相談活動、精神科病院への訪問活動や権利擁護システム研究会に参加する方々が中心に活動しています。

> 「人権」とは？
> 「人権」は、人が生まれながらに有する大切な自由です。「人権」は、障害の有無にかかわらず、誰にでも同じように守られます。人が自分の生き方を選択し、自分らしく生きていくためには、「人権」が守られなければなりません。

大阪精神医療人権センターが大切にする価値観
（ビジョン）

大阪精神医療人権センターでは、①声をきく——精神科に入院中の方の立場に立った権利擁護活動を実践するために、②扉をひらく——精神科病院を開かれたものにするために、③社会をかえる——安心してかかれる精神医療を実現するために、という３つのビジョン（大切にする価値観）に基づき、３つの活動を実践しています。

A　精神科に入院中の方のための個別相談（手紙、電話及び面会）

B　精神科病院への訪問活動及び情報公開活動

C　精神医療及び精神保健福祉に係る啓発及び政策提言活動（権利擁護システム研究会）

今回は、個別相談活動（声をきく）と精神科病院への訪問活動（扉をひらく）を中心に大阪精神医療人権センターの活動を紹介します。

精神科に入院中の方のための個別相談活動 （手紙、電話及び面会）

精神科病院では、今でも当たり前の自由が制限されている状況にありますが、精神科に入院中の方のための権利擁護の仕組みが不十分であり、入院中の方の権利や自由が制限されやすい状況にあります。

そのため、大阪精神医療人権センターでは、この状況を少しでも改善していくために、精神科病院に入院中の方からの手紙、FAX、電話及び面会による個別相談を実施しています。

相談内容は、「退院したい」、「入院や治療内容について説明がない」、「退院した後のことを相談したい」、「職員に言えないことがあるので、相談したい」が多く、当たり前の自由が制限されている状況を目の当たりにします。

個別相談活動は、私たちの目的に賛同する市民の方々に、養成講座を受講していただき、参加してもらっています。

面会活動は、相談者の希望に従い、2名1組で行っています。個別相談活動には、現在、当事者、家族、看護師、ソーシャルワーカー、ヘルパー、弁護士、会社員、建築士、教員、学生等さまざまな立場の方が参加しています。個別相談活動の参加者には、交通費を支給するのみで、ボランティア（無償）でお願いしています。

養成講座の参加者の感想には次のようなものがあります。

・入院中の方の権利について伝える、思いを聞くということがとても大事だと思った。

・情報提供をしない（退院に向けた手立てを示さない）ということは

虐待であり、ネグレ
クトによる人権侵害
だと考えました。
・退院できない理由が
さまざまであること、

個別相談の件数

	19 年度	18 年度	17 年度	16 年度
手紙	200 件	60 件	33 件	36 件
電話	885 件	1021 件	854 件	830 件
面会	179 回	171 回	102 回	39 回
合計	1264 件	1252 件	989 件	905 件

答えがないのではなく、どうすればできるのかを考える必要があ
ることがわかった。

　個別相談の件数は年々増加しており、精神科病院から独立した第
三者による入院中の方の立場にたった権利擁護活動の必要性、ニー
ズの高さは明らかです。また、個別相談活動の参加により精神障害
に対する意識が変わり、日本の精神医療の現状を変えていく必要が
あると感じるようになったという声を多数いただいています。

　大阪精神医療人権センターの個別相談活動は、まずは「声をき
く」ことを重要な価値観としており、相談者の思いや希望を否定せ
ず、その思いを実現できるように協力するということを大切にして
います。2019年度は、以下のような成果がありました。

　　退院支援が具体的に始まった　7 名
　　退院した　　　　　　　　　　14名
　　処遇改善・希望の実現　　　　12名

　また、大阪精神医療人権センターの面会活動を契機として、病院
職員が入院中の方の預金を着服していたことが発覚し、被害弁償に
至ったケースもあり、外部から病棟内に入っていく活動の重要性を
実感しています。

精神科病院への訪問活動
（療養環境サポーター制度）

　療養環境サポーター制度（大阪府精神科医療機関療養環境検討協議会
事業）は、精神科に入院中の方の人権の保障と、療養環境の改善を
目的として、療養環境サポーターが精神科病院の病棟を視察し、入
院中の方から聞き取りを行う権利擁護の仕組みです（2003年から精
神医療オンブズマン制度、2009年から療養環境サポーター制度）。

　大阪精神医療人権センターは、訪問先病院の選定、サポーターの日程調整、報告書作成への関与等、重要な役割を担っています。また、2カ月に1回開催される大阪府精神科医療機関療養環境検討協議会にも当センターから2名の委員が参加し、協議の結果を当センターのウェブサイトで情報公開しています。

　療養環境サポーター制度は、まだまだ改善していく必要がありますが、以下の特徴があり、権利擁護の仕組みを考えるうえでは、全国的に参考にできます。

①たび重なる精神科病院での事故や不祥事等をきっかけに、同様の事件を起こさないために始まったこと

②大阪府内の当事者団体、家族会、精神科病院協会、精神科診療所協会、精神科看護協会、精神保健福祉士協会、弁護士会等に所属する委員が参加し、立場を超えて、一つの会議体で議論していること

③大阪府こころの健康総合センター、大阪市こころの健康センター、堺市健康福祉局健康部精神保健課が事務局となり、関与していること

精神科に入院中の方のために
一緒に権利擁護活動を始めませんか？

　「なぜ、大阪では精神医療人権センターの活動ができるのですか？」という質問を受けることがありますが、入院中の方の権利擁護の仕組みは、大阪だけでなく、全国で必要とされる仕組みです。

　私たちは、この取り組みを全国に広げるため、入院中の方のためのリーフレットや冊子「一緒にはじめよう!! 精神科に入院中の方への面会〜権利をまもり、今を変えていくために〜」を作成し、権利擁護活動を全国に普及させるための活動にも力を入れています。2019年度は、兵庫、神奈川、埼玉で公開講座を開催し、同じ思いをもつたくさんの仲間に出会うことができました。

　精神障害に対する差別、偏見は、まだまだ根強く、これをなくしていくためには、大阪精神医療人権センターのミッションやビジョンを社会に浸透させ、この活動を拡充していくことが求められてい

声をきく
〜精神科病院に入院する
方々の立場にたった権利擁
護活動を実践するために〜
入院中の方のための個別相談活動
（手紙、電話及び面会）

■大阪精神医療人権センターの
3つの活動

扉をひらく
〜精神科病院を開かれた
ものにするために〜
精神科病院への訪問活動
及び情報公開

社会をかえる
〜安心してかかれる
精神医療を実現するために〜
精神医療及び精神保健福祉に
係る政策提言

ると感じています。

　大阪精神医療人権センターには、入院中の方から当たり前の自由を制限された声がたくさん届きます。この声を見過ごすことはできません。そして誰かが動き出さなければ何も変わりません。

　私たちは、障害の有無にかかわらず、「自分の生き方を選び、自分らしく生きることができる」社会の実現を、これからも目指していきます。

上坂　紗絵子

コラム❶

病院の中で
もう誰かが苦しむことがないように

　あるとき、自分で病院に行ったのに、強制入院（医療保護入院）となり、いきなり隔離室からのスタートになったことがあります。入って何日もたたないうちに、「火事です、避難してください」と館内放送とサイレンが流れてきました。本当に火事が起こったと思い込み、死の恐怖でいっぱいで、誰か助けてくれないかと思い、扉を叩きましたが、誰も来ません。それは強烈な絶望感でした。夕方、食事を持ってきた看護師は何も言わず去って行き、説明一つありませんでした。2週間くらいして隔離室から出て、他の患者さんに尋ねてやっと避難訓練が行われたことがわかったのです。

　また、まだ9月の暑い日のこと、とてものどが渇き、食事の後に、

　お茶を飲ませてほしいと頼んだときに、紙コップを手渡され、耳を疑うようなことを言われたことがあります。「トイレで水が使えるようにしておくから、トイレで水を汲んで飲んで」（隔離室の隅に仕切られたトイレがあり、ふだんは多飲症・水中毒の患者対策として水が止めてあって、手洗いの水も、水洗も、使えない状態にしてあった）。びっくりしましたし、トイレの手洗いの水を飲むのは嫌でしたが、病院にいる以上、ましてや隔離室にいる以上、自分の身体が人質になっているように思い、逆らえないと思って飲みました。

　隔離室から出ても、おかしなことは続き、OT（作業療法）というプログラムのなかで、視聴覚室で女性ばかり集められ、ある映像を「見ないと退院できないよ」と言われて見せられました。教材は若い男性タレントが、アフリカの裸族の村に行って裸で交流するというものでした。感想文を書かされましたが、ただただ不快でしかなく、何を書いたかも覚えていません。また、男性の大部屋で男性患者と時間を過ごしたという女性患者が、隔離室に泣き叫びながら引きずられていくのを見たことがあり、男性も同罪なのになぜ女性だけが罰せられるのか？　と感じました。

　病院で、殴られたり蹴られたりというようなあからさまな暴力は受けたことはありませんが、無視や、トイレの手洗い用の水を飲まされる、セクシュアルハラスメントまがいの扱いを受けるなどということは、暴力の一種であり、患者への虐待なのだと心から思います。

　今、いくつかの病院で、患者へのあからさまな暴力が取り沙汰されていますが、それらはまだまだ氷山の一角で、目に見えにくい暴力を受けている人はたくさんいるのです。暴力あるいは身体拘束により死亡する例もあります。本当に、患者の尊厳が守られていないのだということに気づかされます。

　長期にわたる入院、病状とは関係のない社会的入院も、患者の人生に与える影響が大きく、暴力的な仕打ちだと思います。とくに、大部屋で、私以外の患者さんがみんな昭和時代に入院した人だと知ったときに感じた胸の痛みは、今でも忘れることができません。隣のベッ

ドの女性が、私の生まれた翌年に入院した人と知りました。私の生き
てきた歴史、悪いこともあったけれど、楽しいこともいいこともあっ
たはずの年月、その人はこの病院で過ごしていたんだと思ったら、平
静でいられませんでした。その女性があるとき、病院内のバザーで靴
を買ってきました。しばらく、靴を眺めたり、人に自慢したりしてい
ました。私は、彼女は退院したいのだろうと思っていました。ところ
があるとき、その女性は私に靴を渡し「あげる」と言ってきたのです。
退院を諦めてしまったのかもしれません。私に退院したい気持ちを託
してくれたのでしょうか。その後、私は退院し地域で暮らしています
が、女性はまだ入院しているのか気になります。彼女に最後まで関わ
れなかったことが、今でも私の心残りです。

　隔離室に入った入院のその年から、私は、大阪精神医療人権セン
ターの活動に参加するようになりました。大阪にある精神科病院を訪
ねて、病院のハード面や、暴力や暴言の有無などのソフト面をチェッ
クして病院と話し合う時間をもつ「病院訪問」という活動です。

　病院訪問は私にとっても、意義のある、大切な活動です。多くの患
者さんと話したり、精神科病院のあり方を変えていく活動の一つに関
わることができるのは大きな喜びです。患者さんは、ときにつらいこ
とを打ち明けてくれます。そんなとき私は、自分の入院で味わった
悔しさや情けなさを思い出すのです。それをレポートにまとめるのは、
つらいことでもありますが、声なき患者の声を届けるんだ、という思
いをもって病院側に伝えています。以前の私のように言葉を伝えられ
ない人に代わって、その人の思いを伝えられるようになりたいと思い
ます。

　そのうちに、人権センターが各地に広まって、全国の病院での暴力
やハラスメント、虐待をなくしていくという希望ももちたいと思いま
す。

たにぐち まゆ

Q5

本人が嫌がっても
強制的に入院させられることがあるのは
なぜですか？

　本人が嫌がっていても強制的に入院させることができる制度が存在する理由は、社会が未成熟だからです。

　本人が嫌がっているにもかかわらず、強制的に入院させてはいけないと思います。でも、法律が認めてしまっています。この法律を変えていかなくてはなりません。

法制度による隔離

　1996年までハンセン病患者を強制入院させてきたらい予防法。今もある感染症予防法と精神保健福祉法。これらの法律は、嫌がる人を無理に入院させて、住み慣れた町から隔離してもいいと定めてしまっています。いずれも公衆衛生法規に基づく行政強制です。

　ハンセン病については法律が廃止されました。国は過ちを認め、元患者と家族に対して法的責任を認めて謝罪しました。賠償・謝罪・名誉回復・再発防止の徹底を約束し、そのための法政策を展開しています。感染症予防法と精神保健福祉法は今も強制入院を法律で認めてしまっています。

日本における隔離制度の歴史

　日本では1897年に伝染病予防法、1900年に精神病者監護法、1907年に癩予防ニ関スル件を制定しました。それぞれの患者を強制入院させて地域から隔離することにしました。

　これら患者隔離の法政策を、らい予防法、感染症予防法、精神保健福祉法が、それぞれ引き継いでしまいました。

国際的な動向

いわゆる先進国とよばれる国々でもおなじように公衆衛生政策を理由とした強制入院制度を推進してきました。

しかし、1960年以降、イギリス、アメリカ、イタリア、ベルギーなど欧米を中心とした国々では、隔離収容政策を変えるため、患者を隔離から開放して、患者が望む地域で必要なケアを受けながら生活できるように改革をはじめました。

1950年代後半に国際的な機関が、強制入院制度に異議を唱え、ハンセン病を含む感染症や精神疾患を理由とした強制入院をやめ、患者の隔離から地域で包摂すべきことを勧告しました。ハンセン病療養所や精神科病院のような、特別な医療施設に強制入院させる患者隔離ではなく、通常の医療施設での病床分離で対応するインクルージョンを促進せよとしたのです。

これらの国々は、この勧告にならったのですが、今、患者の強制入院制度をすべて廃止することができたかというと、残念ながらそうではありません。

日本は1960年代以降、強制隔離を推進しました。1980年代後半からすこしずつ強制入院に歯止めをかける動きが見えはしますが、日本が強制入院廃止への抜本的な改革期に入るのはこれからです。

国の進むべき道は、嫌がっている人を入院させてはいけないという方向性に了解しても、今も入院させていい法律を存続させ、運用している実態を重ねています。それは、私たちの社会が未成熟だからだ、ということになります。

嫌がっている人を入院させてはいけないのは、人間として当たり前のことです。私たちは、誰もが社会の主人公ですから、社会を変えることができるはずです。

精神保健福祉法と強制入院制度

精神保健福祉法は、精神障害を理由に措置入院、緊急措置入院、

医療保護入院、応急入院という４つの入院形態で強制入院を許してしまっています。

　法律は、病院の閉鎖病棟や保護室での隔離、身体拘束、通信制限等の処遇において、嫌がる人を押しこめたり、禁じたり、命令したりすることを許容してしまっています。任意入院の方にも、閉鎖処遇や隔離、身体拘束等の行動制限を許してしまっています。

　治療については、原則としてインフォームド・コンセントによる同意が必要ですが、現実には、代替的治療を含む複数の選択肢を提供することも、十分な説明や他の専門家の意見聴取や熟慮の機会を与えず、自由な意思決定を制約しています。

精神保健福祉法は憲法に違反しますか？

　この疑問を呈する専門家たちは少なくありません。当然のことです。私たちの憲法は、世界でもっとも進歩した平和と人権の思想を基盤にしています。精神保健福祉法は憲法に違反すると思います。

　しかし、憲法を得て70年以上を経過しますが、私たちはいまだに憲法が示した社会をつくりあげることができていません。政治や行政だけではなく、司法にあってもまだ追いつかない、あるいは逆走するように見えます。私たち自身もまた、憲法に背を向けていることがあります。

精神障害のある方に対する誤解や偏見

　精神障害のある人は身体拘束してでも治療しなきゃいけないときがある、そう言われます。それを多くの人々が信じています。

　でも私は間違っていると思います。国や社会がそうとしかできない貧弱な地域資源しか準備できていない、しようともしないというだけのことです。怠慢を怠慢のままでいいとはとうてい思えません。

強制入院をなくしていくための実践

　精神症状がでて本人自身も困っている状態はあります。でも、嫌

がる入院を必要とせず、危機を乗り切ることができます。少ないですが、私が知っているだけでも、そうできる自助グループが複数あります。

　問題は、そのような実践は、脆弱（ぜいじゃく）でいつも不安定だということです。人の命や人生がかかった重大な局面を切り抜けるには24時間の支援が必要です。とびぬけた人の類まれな対応と恵まれた環境のなかでしか成り立っていません。きわめて特殊な条件下でしか続けることができない、そういう状況です。

　このような実践がどこででも誰にでもできるように、適切で十分な公的な支援が必要です。これを可能にする法制度をつくれば解決します。

　今の公的支援は、強制入院に従属する場や組織に使い勝手が良く、人間をそこに滞留させています。嫌がる人が入院させられないですむための支援システムに変えていくことです。

　精神障害のある人にも、もちろん、障害や症状をもったまま、自分の好きな地域で生活する権利があります。現在、この権利を保障するための法制度が欠けています。

強制入院制度は廃止できるのでしょうか？

　10年や20年という長い時間が、かかるかもしれません。1960年代以降、隔離廃止から地域移行に舵（かじ）をきった欧米の国々でさえ、40年、50年が経っているのに道半ばです。日本はまだ隔離廃止の方針すら決めていません。

　でも良きことをするのに遅すぎるということはありません。精神障害のあることを理由とした強制入院の廃止をまず決めましょう。現実には、約30万人の精神科病院に入院を強いられ、あるいは入院せざるを得ない患者さんたちがいます。この方々を、居場所のない地域に放りだすわけにはいきません。段階的に実施する必要があります。

　入り口を狭め、そして閉じましょう。新たな強制入院は当面の間、

国公立病院だけに限定し、数年の経過をみながら、強制入院を段階的に減らし、すべての強制入院を廃止します。

　同時に精神科への入通院治療を必要とする方に、一般医療と同じ入通院治療の機会を与え、よりアクセスしやすい援助システムを備えて提供します。

　精神科病院に入院されている方々は、入院形態にかかわらず入院の継続は強制せず、地域に居場所を用意できた方から、退院します。

　精神科施設や関連福祉施設で働く方々は、退院患者さんの流れにそって、地域で医療・福祉を提供する仕事場へと移ります。

　いくつもの困難が立ちはだかることでしょう。そのたびに目標を確認し、振り返り、優先順位を間違わないよう、現実的な対応をしていけば、必ず達成できると思います。

　ひょっとすると日本が世界で最初に、精神障害を理出とする強制入院制度を全廃できるかもしれません。

　この大きな目標に向かったアクションは、私たちの未来に大きな実りを約束すると思います。

参考図書
八尋光秀ほか『精神医療は誰のため？―ユーザーと精神科医との「対話」』協同医書出版社 2015

八尋 光秀

コラム❷

オープンダイアローグから学んだ 「みつくん会議」

もう入院はしたくない

　僕は、高校を出たころから、イライラ、パニックが強くでるようになりました。

　新聞配達の仕事をしましたが、上手にできませんでした。

　ぼくは、イライラして、大声を出しやすいです。これまで、パニックになって、精神病院に2回入りました。措置入院もありました。地域の人に迷惑をかけることがあるので、警察からは「施設に入れ」と言われています。

　田辺の作業所でも、人間関係でトラブルになり、イライラ、パニックが起きて、窓ガラスを割って、もう行けなくなりました。

　2回入院しています。1回強制入院しました。1回目は、知事命令で72時間で出てきました。イライラをしてIH（電磁調理器）を壊して近所の人が警察を呼んで連れて行かれました。田辺警察に行ってから病院に入りました。寝てたかもしれません。記憶にあまりないです。

　2回目は、2010年のピープルファースト全国大会の前に入院しました（ピープルファーストは知的障害のある人が自分たちのために活動している集まりで、毎年大会を行っています）。近所でトラブルがあって、なんかやってしまったかもしれません。警察の人と家に帰りました。家でもまたなんかが出てしまいました。警察の車で病院にいきました。自分であかんなと思い、入院しました。1カ月くらい閉じこめられました。鍵をかけられてしまいました。病院のスタッフとあんまり会話できませんでした。外に出ることができずしんどかったです。ずっと入っていると思いました。ピープルファースト全国大会の2日前にでること

ができました。全国大会に参加できました。

それから10年たちます。その間もいろいろありました。

2015年2月の土曜日、40歳のとき僕は、JR松井山手駅で小学生の女の子に声をかけてしまいました。その夜、家の人と一緒に田辺警察署に行って、お巡りさんにげんじゅうに注意されました。「施設に入れ。外出するな」といわれました。土曜は介助者と外出するようになりました。

最近は1カ月に1回、ぼくの会議を開いています。みつくん会議といいます。いろんな人が参加してます。少しずつ落ち着いてきました。

ときどきイライラやパニックはおきます。でも落ち着くことができます。10年前にはもどりたくないです。今は体験室で宿泊の練習や自分ですきな所に旅にいっています。コロナであまり外出ができませんが、ときどき旅にいってます。

松田 光博

多くの人の支え・関わりがなにより大事

みつくん（松田光博さん）とは、2004年からのつきあいです。最初のころは、おとなしい印象でした。でも次第に、JCIL（日本自立生活センター）の事務所やワークス共同作業所で、ときどき大きな声でひどいことを人に言うようになりました。他のメンバーがとてもしんどくなったときは、JCILやワークスに来れなくなったこともあります。実家の近所でもいろいろトラブルがありました。バスの運転手とトラブルになったり、近所の子どもの親から警察に通報されたりして、そのたびに、実家でも激しく暴れてしまっていたようです。親もどうしようもなくなって、2回精神病院に入ることになりました。

みつくんとは、ピープルファーストの活動や、土曜の外出で、貴重な経験をしています。一緒に、ピープルファーストの大会にいき、いろんな当事者と会い、生きる力にふれました。土曜の外出では、吉野山、伊勢神宮、名古屋、淡路島、城崎温泉、飛鳥などなど、いろんな

ところにいきました。

　みつくんのことが少しずつわかってきました。親から聞くと、昔は素直ないい子だったということです。でも、高校のころから、ちょっとおかしくなってきたということです。前にいた作業所でも、イライラして窓を割るなどして、行けなくなったということです。

　いろんなところで、無視されたり、排除されたりして、心が深く傷ついたんだと思います。無視されたり、バカにされるのが、ほんとに苦しくて、つらいのだと思います。取り返しのつかないような心の傷を負ってるのだと思いました。

　以前は、トラブルが起きた時に「なにがあったの？」と聞いても、みつくんは、「言えない、言ったら殺される」と言ってました。でも、彼の中では「殺される」という気持ちはほんとのものでした。殺されるほどの恐怖に直面したときのことが心の傷として刻まれているようです。人が変わったように身近な人たちに「殺すぞ！」と言うこともありましたが、それは彼がほかの人から言われた言葉なんだとわかりました。そんな気持ちに寄り添うようになっていったら、最近、いろんなことを話してくれるようになりました。

　数年前から、「みつくん会議」を開いています。関係者にたくさん集まってもらい、それぞれがみつくんとの関わりのことや自分の気持ちを語る場所です。オープンダイアローグの発想から学びました。みつくんは、最初なにかイヤなことを決定されるのでは、と思っていたようで、会議を嫌がってました。でも、なにかを決める場所ではなくて、みんなの気持ちを知るための場所だよと話しました。だんだん、「おちつける。安心して話せる」と言うようになりました。

　みつくんもぼくも、たくさんの人に支えられています。そのたくさんの人の支えや関わりがなにより大事と思います。

渡邉 琢

Q6

精神科病院に入院中、ベッドに縛られたり隔離室に閉じ込められたりしました。なぜこんな目にあわなければならないの？

拘束帯と呼ばれる、自らは外すことができないような器具を使って身体をベッドに縛ることを「身体拘束」といいます（写真）。また病院内の小さな部屋に閉じ込め、外から鍵をかけ自らは出られないようにすることを「隔離」といいます。

日本の精神科医療では身体拘束や隔離をされる人が年々増えてきています。2019年6月30日時点で、日本の精神科病床には、約27万人が入院していますが、そのうち約1万2000人が身体拘束をされ、また約1万人が隔離をされています（注：2017年より集計方法が変更となり、それまでの身体拘束を受けている患者数から、精神保健指定医という医師が身体拘束を実施する指示を出している患者の数となりました）。

今この瞬間も、これだけの数の人が身体拘束や隔離を受けているのです。それどころか、身体拘束を受けている人の数は、国が調査を始めた2013年から増加を続け、その数は10年で2倍となり、それ

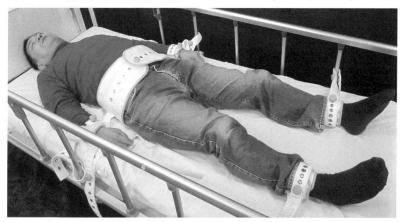

身体拘束をされている様子。筆者自身がベッドで身体拘束をされている時のものです　　　　　　（長谷川利夫『精神科医療の隔離・身体拘束』日本評論社より）

38

以降高止まっています。

「精神科医療の身体拘束を考える会」の電話には、「無理やり身体拘束をされたことが今でもフラッシュバックして苦しい」という本人の声、「息子（娘）が精神科病院に入院したら身体拘束をされ、すると途端に面会謝絶になり何日も会えていない」等々の声が多く寄せられています。身体拘束は、本人がどんなに嫌がって抵抗しても何人もの職員に取り囲まれ押さえられ無理やりされてしまいます。心と身体に大きな傷を負うものです。

突出して長い日本の身体拘束

ある研究論文によると、日本では身体拘束をどれくらいの期間続けて行っているか調べたところ、平均実施日数は96日でした。これは約３カ月です。海外では数時間や数十時間で解除される国が多いなかで、非常に長い期間身体拘束をされています。

ひとたび身体拘束されると、同時におむつを履かせられたり導尿といって尿道に管を通されてしまいます。手もベッドに固定され頭がかゆくてもかくこともできません。さらに命の危険もあります。人間は身体拘束のように長く同じ姿勢でいると、血栓という血の塊ができて、それによって血管が詰まり突然死することがあります。いわゆるエコノミークラス症候群です。無理やり身体拘束をされたうえに、エコノミークラス症候群で亡くなる方が後を絶ちません。

なぜこんな目にあわなければならないのか？

実は、この身体拘束は、精神科医療だけで行われているわけではありません。総合病院などの精神科以外の病床、高齢者施設などでも実際は行われています。しかし精神科医療で行われる身体拘束は、精神障害ならではの根深い問題を抱えています。

精神保健福祉法第37条１項基準には、身体拘束の「対象となる患者」が列挙されています。これには、「多動または不穏が顕著である場合」「自殺企図又は自傷行為が著しく切迫している場合」など

と書かれています。つまり、精神科医が患者さんを診て、「不穏」
だとか「自殺企図が切迫している」と判断さえすれば身体拘束を
されてしまう可能性があります。

　ある患者さんは病棟内で自分の気持ちを落ち着かせようとして病
棟のホール内を行ったり来たりしていたら突然身体拘束されてし
まったと言っています。

　ある人が「死にたい」と口に出したら、果たして本当に死にたい
ということなのでしょうか？　むしろ、「生きたい。それをわかっ
てほしい」という気持ちから、そう口にすることもあるでしょう。
しかし、一部の医療者はその人の言動を表面的にだけ見て、「自殺
企図が切迫している」と判断し身体拘束をすることがあるのです。

　連休中は主治医の「先生」がいないから解除されないということ
もよく聞きます。

　身体拘束が嫌で抵抗すると、それが「不穏」という「症状」と見
なされ、さらに身体拘束が長引くということも起こっています。

　強制的に精神科病院に入院させられて、医師から薬を飲むように
勧められ、それを断ったら身体拘束をされて点滴で強制的に薬を投
与され、その後亡くなった方もいます。「精神医学」的な立場から
いうと、自分が病気であるという認識（病識）がないために「拒薬」
をしたから、その身体拘束は正当だと考えられているのです。

　また最近は、特に高齢者に対して「転倒予防」を理由に身体拘束
を行っているのを多くみかけます。人間はベッドに縛られれば歩け
なくなるので「転ぶ」ことはなくなります。しかし、その人の尊厳、
心身の健康は失われていきます。先に述べたエコノミークラス症候
群による死のリスクも高まります。

　元来日本では伝統的に、統合失調症や急性期の精神疾患を持って
いる人は「支離滅裂」「了解不能」で対話ができないと思われる傾
向がありました。その傾向は今も続いています。日本は諸外国に比
べて、人口当たりの精神科病床数が多く、つまり精神疾患をもった
人が地域ではなく多くは精神科病院にいるという歴史をたどってき

ました。精神障害に対する偏見も生じやすい社会背景もあるのです。

　さらには精神科病院は、閉鎖病棟があったりと、そもそもが外部から遮断されていて閉鎖性が非常に強い所です。精神科病院で行われる身体拘束は他の医療機関に比べて秘密性が高いという大きな問題を抱えています。つまり外部の目が行き届かないのです。

　どんな障害をもっていようがいまいが人として平等であるのはいうまでもありません。ですから、このような理不尽な目にあうことは決して許されていいはずがないのです。

どうしたら解決できるのか？

　障害者権利条約14条は「不法に又は恣意的に自由を奪われないこと、いかなる自由の剥奪も法律に従って行われること及びいかなる場合においても自由の剥奪が障害の存在によって正当化されないこと」とし、17条は「全ての障害者は、他の者との平等を基礎として、その心身がそのままの状態で尊重される権利を有する」としています。精神障害のある人が「不穏」だから身体拘束されてしまったり、薬を飲まないからといって無理やり身体拘束をされ命を奪われてしまう社会は、障害者権利条約から程遠い世界であり、恐ろしい社会だと思います。しかしこれが現実です。

　まず私たちは、障害者権利条約というたたかう武器を手に入れたにすぎないと考えるべきだと思います。そのうえで、おかしいと思う状況に遠慮せず声をあげることです。話を聞いてくれる人は必ずいます。身体拘束のことであれば「精神科医療の身体拘束を考える会」に連絡をくださってけっこうです。そしておかしいと思った人たちが「縛るな！」と声をあげ連帯していくのです。

　一方ここ数年、身体拘束の問題がメディアをはじめ社会でも大きく取り上げられ、看護師などの医療従事者が読む専門誌にも、身体拘束する人数を減らした病院の特集などが「好事例」として多く取り上げられるようになってきました。これはいい傾向です。

　障害をもった人たちは、このような「真っ当な病院」を応援し、

どんどん人を縛るような病院に対して「おかしいぞ」と声をあげていきましょう。身体拘束のない国、それは誰にとってもいい国のはずです。一緒にたたかっていきましょう。

長谷川 利夫

●精神科医療の身体拘束を考える会・連絡先
杏林大学保健学部作業療法学科教授　長谷川利夫
〒181-8612 東京都三鷹市下連雀5-4-1
TEL：090-4616-5521
E-mail：hasegawat@ks.kyorin-u.ac.jp

　2017年5月17日、ニュージーランド人のケリー・サベジさん（写真右）が神奈川県内の精神科病院で10日間の身体拘束ののち亡くなりました（享年27歳）。2018年5月17日、ケリーさんの母親のマーサ・サベジさん（写真左）は首相と厚生労働大臣にあてた6,010人分の署名を厚生労働省に手渡し、身体拘束を減らすための改革の必要性を訴えました（写真提供：精神科医療の身体拘束を考える会、撮影：有我譲慶）。

　マーサ・サベジさんと長谷川利夫氏は他の研究者とともに4カ国（日本、米国、オーストラリア、ニュージーランド）の比較調査を行い、日本の精神医療における身体拘束率がニュージーランドの3,000倍も高いことを明らかにしました（2020年12月2日「環太平洋諸国における機械的拘束の使用：国際疫学的研究」『疫学と精神医学的科学（Epidemiology and Psychiatric Sciences)』ケンブリッジ大学出版局オンライン出版）。

（編者）

Q7

親の同意で医療保護入院になりました。
親の同伴がないと外出もできません。
退院したいです。どうすればいいですか？

　精神保健福祉法（以下、「法」）により、精神保健指定医1名の診察により医療及び保護の必要性があるとされた場合、「家族等の同意」を要件として本人が嫌がっても強制的に入院させられることがあります（法33条「医療保護入院」）。医療及び保護のための入院の必要性がない場合や、任意入院できる場合には、医療保護入院を行うことは許されません。

　しかし現実には、入院の必要性がない場合や、任意入院できる状態にある場合など、要件を欠くのに医療保護入院が濫用されることもあります。そのような場合、病院による自主的な是正は期待しにくく、第三者からの介入、監視の必要性があります。

　そのため、入院中の人やその家族等は、都道府県知事（政令指定都市の場合はその市長）に対して退院や処遇改善を求めることができます（法38条の4）。これを「退院請求、処遇改善請求」といいます。

　退院請求や処遇改善請求が出された場合、精神医療審査会という機関（以下、「審査会」）が入院の必要性や処遇の適当性について審査します（法38条の5）。精神医療・法律・保健福祉の専門家5人によって構成される合議体が審査を行います。

退院請求・処遇改善請求の方法

　「退院したい」という思いを退院請求というかたちで、また「単独外出したい」という思いを処遇改善請求というかたちで求めることができます。処遇改善請求は、単独外出の他にも、閉鎖病棟ではなく開放病棟に変えてほしい、外泊したい、買い物の制限をやめてほしいなど、精神科病院入院中の処遇に関するものであれば求める

ことができます。

　退院請求・処遇改善請求ができる人は、本人あるいはその家族です。医療保護入院、措置入院という強制入院に限らず、任意入院でも実質的に「任意」といえない場合には審査を求めることができます。

　また、医療保護入院の利用に関して家族間で意見の不一致がある場合（家族の一部が医療保護入院の同意者であるが、他の家族は入院に反対している場合など）にも、家族が審査会の判断を求めることが考えられます。

　請求の方法は、入院中の人の住所・名前・生年月日、入院中の病院の名称、請求の内容とその理由、年月日を記載した書面を都道府県（または政令市）が設置する精神保健福祉センター（法６条）宛に提出します。名宛人は、基本的に病院が所在する都道府県知事（または政令市長）ですが、措置入院の場合に措置取り消しを求める場合は措置を行った都道府県知事（または政令市長）宛に行います。

　入院中のため書面が手元にない場合には、精神保健福祉センターに設置される「審査会事務局」に電話で、「退院請求したい」「処遇改善請求したい」ことを伝えてください。後日事務局から送られてきた書面に必要事項を記載して提出します。

　退院請求・処遇改善請求の手続きは無料です（電話代や郵便切手代を除く）。何度でも利用することができます。

退院・処遇改善を請求した後の手続き

　書類提出から数日から数週間後、審査会の人が病院を訪問して入院中の人と面談を行います（現地意見聴取）。これは審査会委員５名のうち２名（うち１名は精神科医）が病院を訪問し、入院中の人との面談、カルテの確認、主治医や家族等からの意見聴取等を行うもので、この「現地意見聴取手続」で、入院の必要性がないことや、処遇が不適切であることについて、いかに審査委員を説得できるかが重要です。

現地意見聴取からしばらくした後、合議体で検討が行われます。入院中の本人、家族等、弁護士などはこの合議体の期日に出席して意見陳述をすることができます。意見陳述により訴えは効果的になるでしょう。

　検討結果を踏まえて、「退院相当」「他の入院形態へ変更」「引き続き入院継続」「処遇は適当／不適当」など、審査会の判断が書面で通知されます。事案ごとに補足意見が付されることもあります。

弁護士を代理人に選任する

　退院請求・処遇改善請求の手続きは、法律上規定されている人権問題に関する手続きですので、入院中の人や家族等の代理人として弁護士が請求することもできます。退院請求や処遇改善請求に関する説得的な理由を記載するためにも、弁護士に代理人になってもらうことはメリットが高いといえます。現地意見聴取に同席してもらい、審査会委員との面談時にサポートを受けることができますし、合議体での意見陳述に出てもらうこともできます。弁護士を代理人に選任することについても積極的に検討してください。

　弁護士を依頼するにあたっては、各地の弁護士会へ電話で相談することをお勧めします。全国には52の弁護士会が設置されており、各弁護士はその地域の弁護士会に登録しています。

　日本弁護士連合会の日弁連委託援助事業という制度を利用することにより、入院中の人は、費用負担なく、弁護士に依頼することができます。弁護士にアクセスしやすくするため、弁護士会のなかには当番弁護士制度があり、依頼に応じてすぐに弁護士が駆けつける体制が構築されている所もあります。福岡、札幌、東京、愛知などの地域で、精神保健当番弁護士制度（精神保健支援業務）が比較的活発に行われており、日本弁護士連合会では、この動きを全国展開していこうと取り組んでいるところです。

　なお、審査会や弁護士は、人権擁護に関する機関と位置づけられており、審査会や弁護士との電話が制限されることはありません。

たとえ、保護室に隔離されていても、身体拘束を受けていても、申し出に応じて電話が認められます。

精神医療審査会の課題改善に向けて

本人が嫌がっても強制的に入院させられる仕組み自体にそもそもの問題がありますが、退院や入院中の処遇改善を求めるためにあるはずの精神医療審査会にもさまざまな課題が指摘されています。退院請求や処遇改善請求の認容率が低く地域差もあること、委員5名中3名が精神科医であることが多く、同じ業種・立場として主治医の判断と異なる判断が期待しにくいこと、審査期間が30日以上かかることが多く迅速に対応してもらえないこと、審査会の判断に対する更なる不服申し立てが予定されていないことなど、たくさんの課題を抱えています。すべての入院中の人が利用しやすいように、審査会を改善していく必要性は非常に高いといえます。

審査会は、1987年の法改正によって設けられた仕組みです。看護人によるリンチ殺人・職員水増し・違法解剖などが発覚した「宇都宮病院事件（1983年）」を契機に、国際連合から精神医療施策に対する厳しい批判が相次ぎ、国際法律家委員会（ICJ）の実態調査等を受けて、その権利性が認識されるようになりました。審査会もこの流れで作られた制度です。

しかし、審査会の手続きについて、形骸化も指摘されており、第三者機関による公平・適正な審査が迅速にかつ充実して行われることが期待されています。諸外国と比較しても、審査会には課題が多く残されています。制度を利用するなかで、課題を改善していくことも重要です。ぜひ積極的に退院請求や処遇改善請求のために審査会を活用してください。

東 奈央／細井 大輔

Q8

精神科病院に長く入院していた人が退院し地域で生活していくために、どのような制度やサービスがありますか？

　精神科病院に長く入院している人やその家族には、入院している人が退院して自分らしい暮らしができること、退院準備や退院後に利用できる制度やサービスがあることを知らない方が多くおられます。それには、入院している人の生活や人生を、本人やその家族、そして精神科病院にばかり頼り、国や各自治体、地域の事業所などが十分に支援を行えてこなかったという背景があります（詳細はP.52、コラム4）。

精神科病院による退院支援

　病院には医師、看護師、作業療法士、相談員（精神保健福祉士等）などさまざまな専門職が治療と治療後の退院支援に従事し支援を行っています。

　また、2014年以降、医療保護入院者には退院後生活環境相談員、精神療養病棟の入院者には退院支援相談員が必ずつくことになりました。各相談員は、多職種・行政や障害福祉サービス事業者などと連携して退院後の生活に向けた相談や支援を行い、地域生活への円滑な移行を図ることとなっています。以前に比べると、入院中の人が退院について相談できる機会が増える方向で、制度は変わってきています。

障害者総合支援法による制度やサービス

　障害者総合支援法のサービスのなかには、長期入院の人の退院のために、「地域移行支援」という制度があります。利用するには一定の要件が必要となりますが、原則1年以上の入院者であれば利用

が可能です。地域の事業所の職員が入院している人のところへ定期的に訪問し、退院や退院後の生活に向けて必要な情報提供を行います。また、退院に向けて住むところを探し、退院後に通う地域の事業所（障害者就労継続支援Ｂ型など）への見学や体験利用の同行なども行われます。

　また、退院後に一人暮らしをする場合には「地域定着支援」という制度があります。この制度では、本人と本人をとりまく親族や支援者などとの連絡がスムーズにいく体制を確保します。また、本人はいつでも電話でこの支援を行う事業所に相談ができ、障害に起因した緊急事態には訪問をしてもらうことができます。たとえば、「新聞勧誘にあって複数契約してしまった」「電球の変え方がわからない」「体調が悪くて不安で仕方がない」など生活上の困りごとや不安などに電話や訪問で相談をすることができます。

　また、調理や掃除などを一緒に担ってくれるヘルパーや日中の社会参加や就業活動としては、就労継続支援Ａ型、就労継続支援Ｂ型など、さまざまな支援サービスがあります。また、さまざまな事情により、家族との同居や一人暮らしが難しい場合には、グループホームという支援もあります。一人暮らしへの準備として利用する人もいます。

　ここにあげた以外にも、長期入院をしている人が退院し地域で暮らしていくための制度・サービスは、まだまだ十分とはいえませんが、一市民として、利用できるサービスは、増えつつあります。

兵庫県西宮市での退院支援の取り組み

　西宮市ではここまでで説明をした国の制度だけではなく、「西宮市精神障害者地域移行推進事業（以下、事業）」という独自の取り組みを行っています。

　同事業では、行政と委託をされた事業所の両者が、精神科病院に入院中で西宮市に住民票がある全員に対して面会に行き、本人から今の想いや、今後の暮らしについて聞き取りを行います。ここで聞

き取ったことをもとに、行政・病院・事業所が一体となって本人の退院に向けて取り組んでいます。

　また、各自治体で行われる精神障害のある人にも対応した地域包括ケアシステム構築推進事業のなかでも、地域の事業所の職員が精神科病院にでかけていき、院内のプログラムのなかで、地域生活の情報を伝えるという取り組みを行っています。

聞き取りから始まる退院支援

　入院期間が数十年の場合には、長い入院により生活の基盤が病院となり、地域での生活が具体的にイメージしにくくなります。そのようななかで、これまで相談支援所の相談員が出会ってきた入院中の人たちのなかには、入院している理由について、「家族が退院に反対する」「帰る家がない」「ここ（病院）がいい」などの理由と、だから「この入院に意味がある」と話されることが多くありました。

　だからこそ、事業で相談員が出会った入院中の人には、今の想いを聞く一方で、退院して自分らしい暮らしができること、そのための制度やサービスがあることを伝えます。そのうえで、本人に入院や病気になる前のことを含むこれまでの生活や人生、そしてこれからどのように暮らしていきたいのかをしっかりと聞き取ります。西宮市ではこの聞き取りは１回で終わらずに続けていくことができます。

　こうした聞き取りを繰り返していくことで、今までの時間を取り戻すように、「入院に意味がある」と言う本人や周囲に変化が現れます。本人や周囲がどのように暮らしていきたいのか（あるいは本人にどのように暮らしてほしいか）を話されるようになります。相談員もそのために必要な情報を丁寧に提供します。そのうえで必要な制度やサービスを本人が利用しながら「入院に意味がある」という意味づけの変化、その想いに緩やかに関わっていきます。

当たり前に迷いながら暮らすこと

　長く入院していた方にとっての退院や退院後の暮らしは、自己決定やリスクのもとに暮らすという当たり前の経験です。本人が決定することが難しい場合は、説明だけでなく体験をして、具体的な状況を実感したうえで決定をするという人も多くいます。どうしても本人だけでの決定が難しい場合や選択を迷う場合は、とりあえずやってみたり、やらなかったり、迷いながら暮らすことは当たり前の日常です。

本人中心から生まれる退院支援

　なぜ、西宮市ではこのような取り組みを行うのか。それは、「本人中心支援」という西宮市の理念に基づくものだからです。西宮市では相談支援事業所が作成するサービス等利用計画について、その様式は国が推奨する「サービス等利用計画」ではなく「本人中心支援計画」という西宮市独自のものを使います。様式には、本人の語る生きざま、希望する暮らしを詳しく書きこむ欄があります。サービス等利用計画では、本人が解決すべき課題に対して、支援目標や達成時期を明記し、それにかかわる福祉サービス等の種類・内容・量を記載し、課題解決に向け本人の役割を計画に明記します。今あるサービスをどのように使うのかを記載することに重きが置かれています。

　西宮市の「本人中心支援計画」では、単に今あるサービスをどう使うかではなく、本人の希望する暮らしをどのように実現していくかを、本人や家族、その支援者が一同に集まり考えるための様式になっているのです。この様式では、「どこで、だれと、どのように暮らしたいか」「日中どのような仕事や勉強をしたいか」「余暇はどう過ごしたいか」という本人の暮らしのありようについて確認するのが大切な部分になっています。

　これは西宮市の本人中心支援文化が長く続いてきた成果であると

いえます。

　西宮市の相談支援事業所は先に述べたように「本人中心支援計画」をたて、本人、ご家族、行政・事業所・病院などが参加する「本人中心支援会議」を開きます。この計画や会議では、本人の希望する暮らしを実現させるためにどのように社会資源を構築（創り出して）していくかというプロセスも重要視しています。そしてこれらの計画や会議の積み重ねをもとに市の障害福祉計画をたてていくことを位置づけており、本人が中心となる社会構造を目指しています。

　法律上、長期入院の人の退院支援は、病院だけでなく、委託相談支援事業所や機関相談支援事業所も担うこととなっています。しかし地域によって取り組みに差があります。あなたの地域でどうなっているのか情報を集めることで見えてくることがあったり、変わっていくことの一歩になるかもしれません。

　退院支援のために利用できる制度というのは一律には存在しません。長く入院してきた人の「どのような暮らしがしたいのか」という希望を聞き取る、丁寧なやりとりから生まれる、生み出されるのです。

参考図書
北野誠一ほか編著『障害者本人中心の相談支援とサービス等利用計画ハンドブック』ミネルヴァ書房 2013

角野 太一

コラム❸

ピアによる精神科病院への訪問活動

　東京都八王子市の自立支援協議会では、2016年度より精神科病院への当事者訪問活動を始めています。現在は市内の精神科病院3カ所ほどに定期的に訪問しています。活動する当事者への交通費の確保や日程調整の連絡も病院や市内の相談支援事業所が連携し行っています。

　私は市内の病院の男性閉鎖病棟に当事者4～5名と毎月1回訪問しています。グループホームで暮らす仲間、八王子精神障害者ピアサポートセンターで働いている仲間などとともに訪問しています。訪問時間は数時間ではありますが、楽しみにしてくれる方も多くいます。普段は病棟内のデイルームに集まり、自己紹介をして、仕事や住まいや薬などのテーマでグループに分かれて話をしています。

　これからは訪問活動だけでなく一人の患者さんの退院から地域での生活までの個別支援をしたいと思っています。

　2020年初めにショッピングモールに一緒に外出をしました。初めての外出プログラムで、行く前は緊張が強く出て表情が硬い方もいましたが、帰りは「この建物は天井が高いですね」という話が出たり、上着のボタンを外したりしている方もいて楽しんでいる様子が見られました。買い物に行かれる方が増えたという話を聞き、うれしく感じています。

　訪問活動と並行して、訪問をしているメンバー同士でミーティングを行っています。訪問とは別の日程で行い、お互い無理をしないよう情報交換したり話を聞いたりしています。

　精神科病院では思うように買い物や会話ができません。私自身も閉鎖病棟入院経験があり、訪問活動をしている仲間も入院経験があったり精神科医療を利用している仲間でもあるので、仲間を地域に出したいねという思いが活動継続の力になっていると思います。　　　竹沢 幸一

コラム❹

日本の精神医療における歴史的背景

　なぜ、日本には精神科病院での長期間の入院者が多いのか。その質問に答えるには日本の精神医療保健福祉施策の歴史を振り返る必要があります。日本で最初の精神医療保健福祉に関する法律は、1900年の「精神病者監護法」です。この法律では「私宅監置」が制度化され、精神疾患を有する人の「私宅監置」を家族の責任として位置づけました。このことにより多くの方が、いわゆる座敷牢という自宅内の一室や一角につくられた閉ざされた空間での生活を強いられました。つまり、わが国最初の精神保健福祉の法律に、「合法化された地域での監禁」が明記されたのです。1919年に「精神病院法」が制定されますが、「私宅監置」がなくなることはありませんでした。

　終戦後、1950年に「精神衛生法」が成立し、「私宅監置」制度が廃止されることになりました。しかし、その後は精神科病院への「収容」がなされるようになります。「合法化された地域での監禁」は形を変え、精神科病院での収容へと変化していきました。

　その後、宇都宮病院事件等がきっかけとなり精神保健法（1987年）が成立し、入院患者の人権擁護と精神障害者の社会復帰の促進がうたわれ、任意入院の創設、入院から社会復帰の流れへと変化していきます。

　しかしながら「精神病者監護法」から約90年もの間、法的に定められた自発的入院の仕組みや社会復帰や社会参加への制度的な理念がなかったということが重大な日本の問題といえます。

　その後、現在の精神保健福祉法（1995年）により「福祉」という概念が法に入ることで、身体・知的障害者福祉と同様に、精神障害のある人もさまざまな福祉サービスをうけることができるようになりました。

　そして2004年、国は「精神保健医療福祉の改革ビジョン」を示し、「入院医療中心から地域生活中心へ」という基本方針を打ち出しました。

ここでは、「①国民の理解の深化、②精神医療の改革、③地域生活支援の強化」をすすめ、「受入条件が整えば退院可能な者（約7万人）」については10年間で解消を図ることが明記されました。その後の具体的な施策としては、退院促進事業が各都道府県で実施され、2012年の障害者自立支援法の改正では地域移行支援や地域定着支援といった障害福祉サービスが創設されました。しかし、この改革は十分には進んでおらず、長期入院の解消にいたってはいません。

　また現在は、精神障害者にも対応した地域包括ケアシステムの構築のなかで長期在院者への支援を具体化していくという動きがあります。

※21世紀に入ってからの動き、今後に向けての課題は「Q21 障害者権利条約からみた社会的入院・地域移行の課題はどのようなものですか？」参照。

角野 太一

コラム❺

「退院意欲の喚起」という言葉は、失礼です

私だったかもしれない「長期入院患者」Aさんのことを考えました。

○Aさんの、「お願いだから、家に帰らせてください」という懇願は、何度断られたでしょうか。

○Aさんは、何度、扉を叩いていたでしょうか。

○Aさんは、何度、戒められたことでしょうか。

○Aさんは、何度、薬や注射が増えることを恐れ、「学び」、訴えないことを身につけたでしょう。

医療スタッフは、訴えなくなることを「沈静」と評価し、「刺激をさける」ことをよしとし、情報遮断をし続ける姿勢を身につけてきたのではないでしょうか。

長期入院の方とお話をしていると「退院が不安」「このまま病院にいたい」という声を聞きます。が、同じ方が、「本当は退院したい」とも言われます。その言葉の背景には何があるのでしょうか？

いろいろと聞いていくと、職員に対して患者から相談をしていくという関係が築かれていないことがわかります。家族と暮らす以外にも方法があること、生活保護や年金などの制度や地域の支援センター・グループホーム等・ホームヘルプなどの社会資源、お弁当の宅配やお惣菜を買える店があることを知らされていないのです。

あるいは入院にいたった家族や近隣など周囲との関係悪化（ごみ出しなどについてのトラブル）を恐れる声も出てきます。たとえば、ごみ出しのような日常生活に関することをヘルパーに頼めることも、長期入院の方の多くには知らされていないのです。これらの地域でのサービスの中身を「知らない」、またそれらを「自分がうまく利用できるかがわからない」、それらの不安を「誰に話したらよいのかわからない」という声も多数聞きます。

　これらの声を聞き、一人ひとりの患者さんに継続して関われる第三者の権利擁護者こそ必要です。

　大きな問題の解決を、患者さんの退院意欲喚起に帰結してはいけないと思います。国・病院・地域社会に向けた「退院支援意欲の喚起」こそが求められていると思います。

　まず、長期入院の人に「退院できない」と繰り返し伝えてきた言葉を撤回することが必要です。「退院できない」と思い込まされてきた時間を踏まえた、エンパワーメントへの取り組みが必要です。

　これまで「退院できない理由」として、説得に用いられた理由（グループホームが空いていない、家族が同意しないなど）に対して、対応する予算上の手立てが不可欠です。

　病床を削減し、仮設住宅ではない、本気の「住居」の保障が必要です。さらに、支援を保障し、地域住民の一人としての生活を保障することです。

　地域での本当の暮らしを実現させるために必要なのは、長期入院の人の不安の声に対応していく人員です。まだまだ足りない地域生活支援に必要な人員と必要な予算配分をし、地域移行・地域定着支援事業への人材を確保できるようにすることです。予算が不安定なために各地で不足している精神障害のある人へのホームヘルパー、グループホームなどの「退院後を支える」サービス、体験や境遇を共有するピアサポーターの関わりを継続して充実させていく施策が必要です。

　長期の入院により退院や地域で暮らすことへの「自信がない」と言う患者さんが自信を取り戻すための支援こそ充実させていかなくてはなりません。それが地域社会の義務であるといえます。　　　山本 深雪

Q9

家族から離れて一人暮らしを始めたり 精神科病院から退院するとき、 住むところを探すには？

　新しく住むところを探したり、新しい生活が始まるときに不安を感じることは誰にでもあります。

　住むところを探すというのは、家を探せばそれで終わりというわけではありません。新しい住まいで新しい生活が始まるわけです。

　新しい生活に際して、ご家族も心配することがあり、「あなたは家事ができない……。服薬がきちっとできない……。お金の管理ができない……。だから一人暮らしはだめだ」と言われることもあります。そんなとき、「できないことは手伝ってもらいながら生活していく」ことも一つの選択肢とすることができます。「家事はヘルパーが手伝ってくれる」「お金の管理をしてくれる制度もある」「服薬のことも看護師さんが来てくれて飲み忘れがないように手伝ってもらうことができる」などの障害福祉サービス*1（以下、サービス）や制度が利用できるのです。

住むところを探す前の準備

　精神保健福祉手帳（以下、手帳）があればサービスや制度利用等手続きがスムーズにいきます。手帳については、主治医や病院、クリニックのワーカーに相談しましょう。手帳がなくても、医師の意見書や障害年金を受給していれば手続きができることもあります（手帳がないと難しいと言われる場合もあります）。

　一人暮らしを始めるにあたり、ヘルパーのサービス（掃除、洗濯、調理、買い物、通院や役所の同行など）や昼間仲間がいてゆっくりできる場所や就労のこと、あなたへの情報提供やサービスの調整などをしてくれる「計画相談」など地域生活での支援を受けるためには

「障がい福祉サービス受給者証」（以下、「受給者証」）が必要となるため準備しておきましょう。新しい生活を始めてから手続き（申請）を開始すると、市町村にもよりますが、受給者証が届くまでに数カ月かかり、利用がなかなかできないことになります。

　では「受給者証」を取得するための手続きですが、各市町村の障害の窓口で申請します。申請後は障害支援区分の決定をするために調査があります。調査は自宅や入院中であれば病院に調査員が来て聞き取りをしてくれます。

　申請時に「これから一人暮らしをしたいが相談できる所を教えてください」と尋ねてください。窓口では「地域活動支援センター」や「基幹相談支援センター」「精神保健福祉相談員」などを教えてくれます。*2 まずは住まいを探し、生活を始めていくことについての情報を聞くことから始めましょう。また精神科病院に入院している人は病院内の医療相談室のケースワーカー（精神保健福祉士）に相談してください。

　精神科病院からの退院時には「地域移行」というサービスを利用して退院をめざし、地域での生活を開始することもできます。*3

　事前の準備のなかで精神科医療の継続をどうするかも考えていきましょう。退院後の精神科通院に「自立支援医療（精神通院医療）制度」が利用できる場合があり、通院での利用者負担額が軽減されます。主治医やケースワーカーに相談しましょう。

住まいを探そう
一人暮らしをする

　さて、住むところを探すにあたって不動産屋へ一人で行くのは不安という場合は役所で紹介された「地域活動支援センター」や「基幹相談支援センター」の担当者、入院中であれば病院のケースワーカーに相談しながら同行してもらいましょう。たとえば自分の住まいについて「駅から近いほうがよい」「建物にエレベーターがないと困る」「トイレと風呂場は別がいい」など、こだわりたいことはいっぱいあると思いますが、すべてがかなうところはなかなかあり

ません。あらかじめ優先順位を付けて物件探しをしましょう。

住まいを探そう
グループホームで暮らす

「一人暮らしって寂しいなぁ」「手伝ってくれる人（支援者）がいつも身近にいて、自信がついたら一人暮らしを始めたいなぁ」と思う人には、グループホームがあります。グループホームは見学もできます。グループホームの入居者には、そこでずっと生活をしていくことを目的としている人もいますし、初めての一人生活が不安で、地域での生活に慣れるまでグループホームで過ごし、その後一人暮らしに移る人もいます。グループホームは住まいであり、施設ではありません。少人数で一人ひとりのプライバシーや時間を大切にしながら自立した生活をすることを目指しているところです。

新たな場所で新たな生活が開始

ヘルパーを利用するには、「相談支援専門員」がヘルパー事業所を探してくれます。ヘルパーは、家事の手伝いをしてくれたり、通院や役所の同行などをしてくれます。

服薬についての心配は「精神科訪問看護」という制度を利用することで軽減されます。この制度では、薬のことだけでなく、地域での日常生活が維持できるようにサポートしてくれます。この制度の利用は精神科主治医の指示書が必要です。主治医とよく相談しましょう。精神科訪問看護は先ほどの「自立支援医療」の対象になり、利用者負担が軽減されます。

金銭管理については各市町村の社会福祉協議会の「日常生活自立支援事業」という事業のなかで手伝ってもらえます。この事業は他に、日常生活に必要な福祉サービスの利用援助や大切な通帳や証書を安全に預かるなどのサービスもあります。

また、地域生活を支援する新たなサービスとして精神科病院から退院して一人暮らしに移った後やグループホームから一人暮らしに移った後などに安定した生活を送るために「自立生活援助」があり

ます。定期的に自宅を訪問して生活に必要なことを支援してくれます。また定期訪問だけでなく、困ったときにも連絡をすれば対応してもらえます。そのほか、居宅において緊急時の支援が見込めない人には「地域定着支援」というサービスがあります。常に連絡がとれる体制で、生活で緊急な事態が生じたときは、必要に応じて相談や訪問などの支援を行ってくれます。これらのサービス利用については、相談支援専門員や地域移行の担当者に相談しましょう。

障害のある人の地域での暮らしを支えるために

　精神障害のある人だけでなく、障害者が住まいを探すときに障害があることを理由に入居を断られることもあります。これは障害についての理解不足や偏見があるためです。

　大阪市福祉局障がい者施策部障がい福祉課で「障がいがあることを理由に入居を断るのは差別です！」というチラシ（次頁）が作成されました。こういったチラシは不動産関係者の人権研修や家主などの啓発に活用されています。関係者への啓発も進めつつ、障害があっても当たり前に地域で自立した生活ができるよう、理解不足や偏見のない社会を作りましょう。

　また、グループホームについて地域での理解が進み、地域での生活を支える社会資源が増えていくよう、大阪市福祉局障がい者施策部障がい支援課では「障がい者のグループホームのことを知ってください！」というチラシを作成し活用を進めています。

＊1　障害福祉サービスは原則1割負担です。ただし、世帯の収入に応じて負担額の上限があります。生活保護世帯、住民税非課税世帯の利用者負担はありません。
＊2　大阪市では「大阪市住宅入居等支援事業」という制度があります。
https://www.city.osaka.lg.jp/fukushi/page/0000440304.html
＊3　「地域移行」は精神科病院に入院している精神障害者が地域生活に移行する際の相談や支援などの援助を行います。

芦田　邦子

大阪市の啓発チラシ

障がいがあることを理由に入居を断るのは差別です！
～～地域での暮らしを共に支えてください。～～

平成28年4月から「障害者差別解消法」が施行されました。
行政機関や事業者は、障がいのある人に対して、「不当な差別的取扱い」をしてはいけません。
負担が重すぎない範囲で、「合理的配慮を提供」することが必要です。

申し訳ないですが、
入居をお断りいたします。

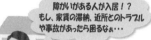

障がいがある人が入居！？
もし、家賃の滞納、近所とのトラブル
や事故があったら困るなぁ・・・

漠然（ばくぜん）とした不安から入居を拒否する

このような、家主さんや事業者さんは少なくありません！

● その結果、障がい者は住まいを見つけられずに困っています。
● 障がいがあっても、様々な福祉サービスを受けて、一般の住宅で普通に暮らしている方がた
　くさんいます。

〈家主・不動産関係事業者の方へ〉

● 障がいがある人の多くは「他の人と同じように地域で普通に暮らしたい」と願っています。

● 障がいのある人は、日常的に様々な障がい福祉サービスを利用して暮らされており、
　何か困ったことがあった場合は、「相談支援事業所」などに相談されたりしています。
　家主さんも相談先や緊急時の連絡先を知っていれば、安心できるのではないでしょうか。
　何か心配ごとや困りごとがありましたら、裏面の相談窓口にご相談ください。

● 障がいのある人をどのようにすれば受け入れられるか、良い解決方法を一緒に考えていく
　ことが重要です。障がいへの理解、「合理的配慮」（※）がもっと社会全体に浸透していけ
　ば、「誰もが住みやすい地域」を作っていくことができます。

● ぜひ、障がい福祉サービス事業者とも連携して、障がいのある人が共に安心して暮らせる
　社会づくりに、ご協力いただきますようお願いします。

　※「合理的配慮」の提供とは、社会の中にあるバリアを取り除くために、障がいのある人が
　　何らかの対応を必要としている場合、負担が重すぎない範囲で対応することです。

大阪市　　発行:大阪市 福祉局 障がい者施策部 障がい福祉課

大阪市「障がいを理由とする差別の解消の推進に向けて」
https://www.city.osaka.lg.jp/fukushi/page/0000340671.html#keihatsu

※チラシ「障がいがあることを理由に入居を断るのは差別です！」「障がい者のグ
　ループホームのことを知ってください！」を見るには画面の下のほうにスクロー
　ルしてください。

Q10

精神科病院に長く入院していた人たちは退院後の生活に多くの苦労があるのでは？実際の様子を知りたいです。

環境を整えることと人による支援

　長く入院していると病院が生活の場になっています。そして、退院して生活環境が大きく変わることには誰しも不安は大きいはずです。

　国連・障害者権利条約は、その前文で、障害は「障害のある人と他の人との対等な立場での社会への完全かつ効果的な参加を妨げる態度」や「環境上の障壁との相互作用から生じる」、つまり障害は環境によって大きくも小さくもなるといっています。

　埼玉県にあるやどかりの里（暮らしの場、働く場、相談の場などがある）は、病気の症状や障害があってもいいのではないか、その人のありのままで過ごせる環境を整えていくことが大切だと考えています。

　やどかりの里には、入院中から退院後までサポートする当事者支援員（さいたま市の事業で、市内の精神科病院や各区の障害者生活支援センターと連携して、退院に向けた支援を行う）がいます。入院中から、サポートステーションやどかり（宿泊型自立訓練、生活訓練、生活介護、短期入所の４つの事業を行う）に体験宿泊することができますが、その際にも当事者支援員のサポートを得ることができます。退院後、アパートやグループホームでの生活を始める人もいますが、サポートステーションやどかりに入居し、自分がどんな生活を送りたいのか、考えたり、試すこともできます。入所期限は２年間なので、職員や当事者支援員、あるいはサポートステーションやどかりで働くピアサポーターの力を借りつつ、退所後の暮らしを設計していきま

す。不安解消には、人による支援が力を発揮します。

　長期入院を経験した人や親から独立して一人暮らしを始めた人たちの多くが、仲間、自分の信頼できる支援者とつながることで、生活が安定していきます。家族と医療機関以外に相談できる場所や人がいることがとても大事です。できれば１カ所ではなく、複数あるといいと思います。

自分の仕事、収入

　社会生活を送る際に大事なのは、日中の過ごし方と食事を含めた自身の健康管理です。何でも自分でできるようにと考えるのではなく、必要な支援（たとえばお弁当を届けてもらう、部屋の片づけを手伝ってもらうなど）を活用したらよいと思います。先にふれた障害者権利条約では必要な支援を受けることも権利だといっています。大切なことは、誰かとつながっていると実感できること、困ったときに相談できる人がいることです。

　生活のめどがついてくると、同時に自分も何か役割を果たしたいと思うようになります。今、さいたま市には障害のある人が病気や障害を隠さずに働くことができる事業所がたくさんあります。最初は短時間、週に１日数時間働くことから始まるかもしれません。そこに行けば仲間がいて、自分のやるべき仕事があり、働くことで生活リズムができて、収入を得ることもできます。自分で稼いだお金を手にすることで、あきらめていた希望を思い出すこともあります。

　グループホームや単身でアパートを借りて暮らす時、その基盤となるのが生活を支えるお金です。自分の１カ月の収入に基づいて生活することになります。最初のうちは月末になると生活費が足りなくなるなど、失敗することもあるかもしれません。失敗を重ねることでお金のやりくりも身についていきます。いろいろな工夫をしている人がいます。たとえば、必要なお金を使い道ごとに封筒に分けておく、１万円札があるとつい使いすぎてしまうので、少額の紙幣や小銭にしておく、収入があった時に、まずお米など生活に欠かせ

ないものを買うという人もいます。

　この間、生活保護の基準が切り下げられ、生活が厳しくなってきましたが、生活保護制度は日本の社会保障の基盤であり、守らなければと生活保護基準切り下げ違憲訴訟に立ち上がった人たちもいます。

私たちのことを私たち抜きに決めるな

　2006年の障害者自立支援法（現在の障害者総合支援法）施行以降、地域にはさまざまな障害者支援を行う事業所が増えました。事業所が増え選択できることは前進です。でも通所する人を「お客様」「利用者様」などと呼んで、営利目的で運営しているところがあるので、どういう場所を選ぶのかがとても大事です。そこで、自分が通う事業所を選択する時に大事にしたいことがあります。それは、通所する人たちの希望や意見が事業所の運営に反映されていくのかという点です。

　障害者権利条約は起草時から、「私たちのことを私たち抜きに決めるな（Nothing about us without us）」を合言葉につくられてきました。それは国連だけのことではなく、私たちの日々の生活や活動にも生かしたいことです。たとえば、ある事業所に通所する場合、通所する人たちこそが事業所の主人公だということです。職員がすべてを決定し、職員が決定したルール（働く時間や日数なども含めて）に従わなくてはならない事業所などは要注意です。

共同創造の活動を目指して
やどかりの里の場合

　やどかりの里は1970年に活動を開始しました。病気はよくなっているのに住む場所がないという理由で精神科病院から退院できない人たちへ、住まいと働く場を用意することから、その活動は始まりました。その後、1973年に社団法人として認可されましたが、その時から当事者・家族の代表が理事として参加しています。

　現在、やどかりの里の理事会には３人の当事者と３人の家族が理

事として参加しています。やどかりの里の理事会の定数は10人〜15人なので、当事者・家族で過半数とまではいきませんが、大きな比重を占めています。欧州連合（EU）などでは、専門職と当事者・家族のコ・プロダクション（共同創造）による活動づくりが推奨されています。それは、当事者・家族が参画した活動のほうが質の高い活動になるからです。団体の運営に当事者・家族の参画はとても大事なのです。

公的補助金のないなかで、やどかりの里の活動の一つは仲間づくりを目指した「爽風会」というグループ活動でした。「爽風会」のルーツは精神科病院の中にありました。1970年に精神科病院で外来患者のためのデイケア活動が始まり、2年後に病院からデイケアの廃止が告げられます。当時のデイケア利用者とデイケア担当職員が病院から飛び出し、始まったばかりのやどかりの里で活動を再開することになったのです。まさに自分たちの活動の場を自分たちで作るという決意と行動でした。

1975年7月に開催された5周年記念セミナーで、スタッフは「このままでいくとあと2年で完全にやどかりの里はつぶれる」と発言しました。この時「爽風会」のメンバーたちは、自分たちにとってやどかりの里が必要であることを確認しあったのです。そして、自分たちも社団法人の会員になり、資金獲得のためのバザーへの参加、マスコミ取材の協力、大宮市議会（当時）に対して助成措置を求める請願のための署名集めなど、動き出していったのです。自分たちにとって必要なものは自分たちで守っていこうという意識でした。

対話と共感、そして学習

やどかりの里は、当事者・家族・職員がともに互いの得手を生かしながら、協働での活動づくりを大切にしてきました。しかし、法制度が整い、1990年以降事業所も増え、メンバーや職員が増えていくと、誰かの指示で動くとか誰かが決めるのだろうと考える人たちが増えていきました。また、やどかりの里全体を見ていく意識も薄

れていったのです。それは財政の危機とは違う組織の危機でした。その時に大切にしたのは、「対話と共感」でした。そして、自分で考え、行動するためには学習が大切と考え、法人内にさまざまな学習グループが生まれました。社会の動きを読み取る学習なども進め、障害者運動などにも参加するようになっていきました。

　精神科病院での長期入院（社会的入院）は、一日も早く解決すべき社会問題です。しかし、専門家主導での解決には限界があります。当事者や家族が参画し、その経験や知恵が求められています。当事者や家族の力を生かしつつ、社会的入院の問題を早期に解決すべきなのです。

　暮らしの場は地域にあることが当たり前です。管理された生活ではなく、「こう暮らしたい」「こう生きたい」とそれぞれが思うことを実現していくためには、考えなければならないことが多々あります。この国の精神科医療や地域での保健や福祉のあり方を大きく見直していく必要があります。そのためにも、当事者や家族が参画し、対等に意見を交わせる審議システムへ大きく変革していくことが必要です。

参考図書
『響き合う街で』2020年5月（93）号・全面特集「やどかりの里の50年」やどかり出版

増田 一世

私らしく働く**権利**
渡辺 みちよ

就労支援には
テンプレートが
あるみたいで
支援者はそれに
あてはめがちだけど

私みたいな
「規格外」を
無理に押し込め
ると機能不全を
おこすみたい。

中卒で女で職歴も
運転免許もないので、
バイトも受かりま
せんでした。

支援員さんは
学歴じゃないって
言ったのに…

クローズで就活したって
応募の問い合わせで断られる。

今は弁護士、
医師、教員が
ビジネスパートナー

まいど

満員電車にも
乗らないし

出勤もしないし
残業もありません。

がしゃん

信用第一
約束は必ず
守る。

だって
自営業
ですもの

精神障害者だからこんな仕事が
向いているとか、あんな働き方とか
こんなライフスタイルが幸せ
だなんて、世の中や
ましてや専門職に
決めてもらうんじゃなくて

お客さんも
商品も
どんな仕事を
するのかも

**自分で
決めたら
いいんだわ**

正社員だから
明日の保障があるなんて
もう誰にもわからない

私にお勤めは
できなかった
けど今の仕事は
長続きしている。

私の「働く」を邪魔
していたのは
社会のしくみとか、
枠組みとかなの
かもしれない。

義務と権利は
イコールでは
ないと思う。

権利が保障されなきゃ
義務が果たせ
ないじゃないか。

権利　義務

**だから、
働くことは
義務じゃなくて
権利なんだ。**

私が決めた仕事を
私が決めた金額で
私の納得がいくまでやる。

なんて幸せなんだろう。

「私らしく働く」は
「精神障害者らしく
働く」ことなんか
じゃない。

コラム❻

オープンで働く経験

　すえっちといいます。私は、大阪にある夢宙センターという自立生活センターで精神障害当事者スタッフとして、約15年勤めています。

　私は今44歳です。18歳の受験生の時に発病しました。統合失調症と診断がでています。精神科病院に約6カ月入院しました。退院後にリハビリをして、大学に入学しましたが、在学中に再発してしまい退学しました。仕事を探しだしました。アルバイト情報誌に2時間から働ける仕事をみつけました。面接に行ったとき精神障害者と明かしました。採用後に2時間だけ週2回で身体障害者のヘルパーとして働き始めました。最初、仕事が終わると体も心もヘトヘトでした。コーディネーターと相談しながら約5年かけて働く時間を徐々に増やしていき、常勤になりました。

　振り返ると、一つめは運がよかったです。事業所の人手がすごく不足していました。また、管理者の方が「精神障害者やからといって差別したらあかんやろ」と言ってくれたと後で聞きました。二つめは、採用後、事業所と信頼関係を築けたことです。身体障害者のヘルパーは生活を支える大事な仕事です。急に調子が悪くならないよう、休みはしっかり休みました。絶対にキャンセルしない、あらかじめできる仕事だけを受ける、などしました。コミュニケーションはすごく下手でしたが、改善のため、仕事がないときはみんなと話をしに職場にいきました。再発してから薬は欠かさず飲んでます。忘れないように薬を財布に入れる工夫をしています。調子の波もすごくありましたが、眠るたびにほんの少しだけよくなった感じがしたので希望をもち、一日一日自分ができる準備をしっかりして信頼を積み上げていきました。これら二つの点がよかったと思います。

陶延　彰

Q11
精神科受診を理由に
運転免許停止となりました。
なぜですか？

【体験】
事情聴取のすえ免許停止に

　私は、2014年の5月に誕生日を迎え、6月の半ばに免許証を更新しようとしていました。その前に、更新の案内のハガキが来ます。そこに、「病気等で不安のある方は運転適性相談窓口にご相談ください」と書いてありました。どうしたらいいのかわからない私は主治医に相談しました。変更して付き合いがまだ浅く、私のこともよくわからない主治医は、「直接、警察に相談してみなさい」と言いました。私は正直に警察に相談してしまいました。

　すぐに、診断書が送られてきました。中身を主治医に書いてもらい、免許証の更新の日、地元の警察署の窓口に持っていきました。そこで診断書を渡すと、警察官があわてたようにすぐ電話をかけました。そして私を呼び電話口に出るように言いました。

　電話の相手は、免許試験場にある警察でした。「免許更新はできません。取り消しになります。返上しますか」と言われました。

　2003年の免許取得以来、無事故無違反でしたし、多くの労力とお金をかけて取った運転免許を、精神疾患にかかったというだけで返上なんておかしいと思い、返上を拒否しました。

　「地元の運転免許試験場の中の警察に何度も通うことになりますが、それでもいいですか」と何度も言われました。私は、免許証を守りたいがために、しぶしぶ「はい」と言いました。

　医師が書いた診断書には、前年秋に1カ月の入院をしていたためか、「再発のおそれは否定できない」と書かれていました。それが、

今回のてんまつの原因となったようです。

　その後、「事情聴取」という屈辱的な言葉が綴られた「出頭通知書」という書類が送られてきました。そして、その年の８月に、運転免許試験場に足を運びました。「事情聴取」には２時間かかりました。お薬手帳などのコピーを取られ、「けいれんやまひ、意識消失はありますか」と何度も聞かれました。今まで通った病院やクリニックの通院歴・入院歴のすべて、家族構成、発病の原因、発病時の症状まで聞かれました。発病の原因など知るはずもありません。こちらが知りたいくらいです。家族が、更新に反対しているかも聞かれ、「いいえ」と答えました。途中で主治医が変わった原因や元主治医の歳など、どうでもいい細々とした話ばかりでした。

　そして、聴聞の呼び出し状が届きました。そこには、「免許停止」と書いてありました。聴聞は、とても威圧的な警察官によるもので、とても印象に残っている言葉がありました。

「あなたにとって免許は必要ですか？」

「必要です」

「どうして必要なのですか？」

　しばしの間、絶句し、「これから働くことになれば、免許が必要になるかもしれません。実際、求人で見たら、普通免許が要る仕事はたくさんあります」と言いました。

　同行の弁護士にも助けられて、その場では、免許の停止を逃れることができました。しかし、二度の聴聞を経て、免許停止６カ月とされてしまいました。

たにぐち まゆ

【解説】
運転免許の欠格条項について

なぜ免許をとりあげられたのか

　道路交通法第90条と対応する政令は、統合失調症、そううつ病などの疾患名をあげて、免許を与えないことがある、取り消すことが

あるなどと定めています。どのような場合に免許を認めるかについては、「自動車等の安全な運転に必要な認知、予測、判断又は操作のいずれかに係る能力を欠くこととなるおそれがある症状を呈しないもの」とされています（道路交通法施行令第32条の2の3）。

法令に「おそれがある」という規定を疾患名と結びつけて設けていること自体が、たにぐちさんが被ったような扱いがされがちな要因です。しかも「おそれがある症状」の具体的な規定はされていないため、結局は医師の診断書に委ねられます。法令の根本的な見直しが求められている問題です。

たにぐちさんの場合、免許更新の申請時点で「……おそれがある症状を呈し」ていたものでもなく、長年、安全運転につとめてきて、無事故無違反でした。それにもかかわらず、医師の診断書の「再発のおそれは否定できない」との記述を「運転に必要な能力を欠くこととなるおそれがある症状」と結びつけて免許停止としたのは、法令からも逸脱した扱いといえます。

なお、その後、医師の診断書様式は、診断の時点で「おそれがある症状を呈している」かどうかを記入するものに改定されました。本稿執筆時点では2017年版（警察庁丁運発第110号）が用いられており、診断の参考用に、後述の「患者の自動車運転に関する精神科医のためのガイドライン」が添付されています。

このような理不尽な処分には都道府県の公安委員会に不服申し立てをすることができます。処分から３カ月以内という期限があるので、弁護士に早めに相談することが重要です。主治医との相談も大切です。医師は、患者が安全な運転に支障があるような症状を呈していないとき、診断書にそのように書くことができます。

日本精神神経学会が作成した「患者の自動車運転に関する精神科医のためのガイドライン」は、医師むけの記述とあわせて、患者からの質問への回答例も掲載されています。「うつ病などとされた人は、運転免許を取得してはいけないのでしょうか？」「免許の申請・更新時に、病気であることや症状があることを隠すと、罰せら

れると聞きましたが、本当ですか？」など、よくある疑問について
も掲載されています。医療関係者はもちろん、疾患のある人自身も、
身近な人も、ぜひ目を通しておくことをおすすめします。

なぜこのような法律があるのか

　自動車運転についての法律は、制定当初から、精神病者、ろうあ
者などには免許を与えないという内容でした。法律の上では、それ
らの病や障害のあるドライバーは、いるはずがないものとされてき
ました。実際上は、「調子がよくないときは運転しない」セルフコン
トロールによって、問題なく運転できる人も多数いました。運転
免許は仕事にも不可欠なのに、法律が障害を理由に認めないのは差
別ではないかと、1960年代からいくつかの裁判が起こされてきまし
た。

　2002年以来、「免許を与えない」という法律が見直された結果、
病や障害がある人も「自動車等の安全な運転に必要な認知、予測、
判断又は操作」ができることを要件に、運転免許が交付または更新
されることになりました。本来、その要件だけで十分であるにもか
かわらず、見直し後の法律においても、あくまでも疾患や障害の列
記がされました。これでは、法律が社会の差別・偏見をいっそう強
化し、ともすれば疾患や障害を隠すように追い詰め、必要な医療か
らも遠ざけてしまいます。障害者関係団体はその問題を訴えつづけ
ています。

　欧米などでは、日本に比べると、病気や障害のある人の運転免許
の取得、再取得が容易です。運転する権利を制限するには、本人が
納得できる客観的理由がなければならず、その人の運転の可能性に
ついて個人を評価する、という考え方が基本にあるためです。日本
は、どこまでも病気や障害だけを取り出して「無理」「危険」と見
て予防しようという姿勢が根強く、今も大量の欠格条項が残されて
います。

　障害者権利条約を批准した国として、欠格条項をはじめとする法

制度の差別の廃止、また、障害を隠す必要のない社会、国内法も掲げた「障害ゆえに分け隔てられることのない共生社会」との目的にむけて、あらためて、障害別をこえた取り組みが求められています。

参考資料
公益社団法人日本精神神経学会「患者の自動車運転に関する精神科医のためのガイドライン」2014年6月版
https://www.jspn.or.jp/uploads/uploads/files/activity/20140625_guldeline.pdf

臼井 久実子

Q12

お金に困った時に使える制度には
どのようなものがありますか？

　誰しも病気や障害を抱えたことで働けなくなることがあります。そうした際の生活を保障する制度として主に障害年金と生活保護の両制度があります。

障害年金について

　日本では、20歳になれば年金保険料を納めることが義務となっています。障害年金は、一定期間の保険料を納めている場合及び20歳以前、つまり保険料を納める義務が生じる前に病気や障害を抱えてしまった場合に利用できる制度です。

　たとえば、事故に遭ったことで障害が残った、難病にかかった、労働環境が悪いところで働かされつづけてうつ病になったなど、普段の社会生活でよく耳にすることがありますね。こうした場合に、一定期間の保険料を納めていれば障害年金を利用することができます。

　一方、先天的な病気や障害を抱えた場合や20歳以前に事故や社会環境などの要因により病気や障害を抱えた場合は、保険料の納付義務が生じる前のことですので、病気や障害の程度によってのみ利用可能です。ただし、年金を受け取れるのは20歳を過ぎてからになります。

障害年金の申請３要件

　障害年金を申請するうえで大事な要件が３つあります。

初診日要件	病気や障害で医療機関を受診した最初の日。この日に加入していた年金種別で受け取れる年金の種類が変わります（国民年金か厚生年金か）。医療機関に初めて受診した証明書（受診状況等証明書）の取得が必要になります。この時、医療機関が廃院になっている場合やカルテが廃棄されていて証明書が取得できない場合、「受診状況等証明書が添付できない申立書」で申請することが可能になります。
障害状態要件	障害年金の対象になる病気や障害に一定の範囲があり、その程度によって利用の判定がなされます。また、病気や障害の種別によって作成する診断書が異なりますので、それぞれの病気や障害に応じた診断書の取得が必要になります。
保険料納付要件	年金の利用は保険料を納付していることが前提となっているため、障害年金を利用する場合にも一定の要件があります。

精神障害と障害年金

　医学的に精神障害と定義されている診断名のなかでも障害年金の対象にならないものがあります。たとえば、不安障害やパニック障害、PTSD（心的外傷後ストレス障害）などの神経症圏の障害は原則対象外です。また、対象である診断名の統合失調症や気分障害、てんかん、発達障害などの場合も症状が回復していて、障害の程度が軽いと判定された人は利用できない現状があります。

　かりに利用できたとしても、身体障害（永久認定）と違って精神障害は有期認定（一定期間で症状が回復し障害の状態が軽度になる場合がある）なので、個々人に差がありますが、1～3年の間で更新の手続きが必要となり、その際に症状が回復した、就労が可能になったなどの場合には利用が停止になることがあります。そのため、収入や障害の状態が以前と変わらないのに障害年金が支給停止にならないよう、更新のはがきが届いたときは、かかりつけ医療機関の主治医やソーシャルワーカー（精神保健福祉士や社会福祉士）に相談することが大事です。また、もし障害年金が不支給になった場合、納

得できなければ審査請求（不服申し立て）をすることができます。

生活保護について

　生活保護は、人々が健康で文化的な生活を営むため最低限度の生活を国が保障するための制度です。生活保護を利用する際は、今住んでいる自治体の市役所などにある福祉事務所（各自治体で担当課の呼称が違います）へ申請が必要です。申請の際は、福祉事務所の職員に「生活保護の申請に来ました」と明確に伝えることが重要です。というのも申請の際に、福祉事務所の職員が以下のような発言内容で申請を阻むことがありうるからです。

　１．今日はご相談をお受けするかたちになります。
　２．申請には、これだけの書類をそろえてもらう必要があるので、申請はそれがそろってからです。
　３．持ち家や車があるなら申請できません。それらを売却して生活費にしてください。
　４．親や兄弟姉妹がいるなら、その方々の援助を受けることが優先です。
　５．まだ年齢が若いのだから働けるでしょ。

　福祉事務所において申請書受け取りの拒否や申請書類を渡さないことは制度上できないことになっていますが、福祉事務所の職員の知識不足や無理解で、こうした発言内容に遭遇することがあります。このような場面に遭遇した際、一人で対処することは難しいので、可能であれば支援者とともに福祉事務所に行くことが大事です。また、かかりつけ医療機関の主治医やソーシャルワーカー（精神保健福祉士や社会福祉士）に事前に相談し、働くことが困難であることの意見書（診断書や診療情報提供書など）を書いてもらうことや申請に関する助言をしてもらうこと、申請に同行してもらうことで、申請がスムーズにいく場合がありますので、ぜひ相談してみてくだ

い。

精神障害と生活保護

前頁の福祉事務所の職員の発言のなかで特に精神障害者が遭遇することが多い4について取り上げておきます。生活保護は、世帯単位（生計を一緒にしている人）での申請になるので、家族と同居している場合は、その家族の収入や資産も含めて、生活保護に定める基準を下回っているかを審査されます。

また、単身の人やこれから家族の元を離れて一人暮らしを始めようとする人には、項目4に関連して家族や親族への扶養調査（基本的には電話もしくは書面）が行われます。ただし、家族や親族がいるだけで申請を拒否する理由にはなりません。

さらに、就労継続支援A型・B型事業所などの通所系サービスを利用し工賃を得ていることを理由に申請を拒否することはできません。ただ、工賃や給与の一定額は控除の対象になります。また、精神障害者福祉手帳をもっている人で1級及び2級に該当する人は、生活費の支給に加えて、毎月障害加算が上乗せして支給されます。

生活保護を利用するには、いくつか超えなければいけないハードルがありますが、毎月一定の生活費や家賃の支給、医療費や介護費用の無料化など、生活を安定的に送っていくうえでの大きな土台になります。また、家族と同居している人が一人暮らしを始めるための支えにもなってくれます。

自らの人権保障のために制度活用を

日本において、就労によって所得を得られない場合、それを保障する制度がまだまだ十分ではない現状があります。そのなかで、生活保護と障害年金は、精神障害のある人にとって命綱の保障制度といっても過言ではないと思います。それぞれの制度に対して、「国の世話になりたくない」「利用することであらたな差別や偏見にさらされるのではないか」といった思いや不安を感じる人がいるかも

しれません。しかし、この両制度は、生活に困る人の誰しもが利用できる「人権」として存在しています。生活の安定や一人暮らしへのステップアップ、使えるお金が増えることでの余暇の充実など、それぞれの人生における希望を実現するための手段として、これらの制度を活用してみてはいかがでしょう。

参考図書
生活保護問題対策全国会議編著『必携法律家・支援者のための生活保護活用マニュアル 2019年度版』耕文社 2019
中川洋子・白石美佐子『マンガでわかる！ 障害年金』日本評論社 2019

鶴 幸一郎

Q13

「薬が合わない」「薬を減らしたい」など
薬に対する不安がある場合、
主治医にどのように相談すればいいですか？

薬に対する不安

薬に対する不安にはいろいろな理由があると思います。たとえば、副作用がある、薬の量が多い、効いているのかわからない、子どもがほしいので心配、どうして薬が必要かわからない、何となく薬をのむのが不安だ、調子が良いのに薬を減らしてもらえない、などでしょう。理由によって、薬をどうするべきかの方針はまったく異なります。

そもそも「薬をのみたくない」ということもあるでしょう。根性論はあまりお勧めできませんが、薬以外に症状を軽くする方法もありますから、それらを試してから薬を使うかどうかを考えることも可能です。

相談することの大切さ

医師が十分に説明できていないこともあるかもしれませんが、まずは、主治医としっかり相談することが大切です。そのために薬に対する不安を主治医に明確に伝えてください。遠慮する必要はありません。その理由がわかれば、主治医も判断しやすいですし、説明もしやすくなります。

たとえば妊娠したい場合は、胎児に影響が出やすい催奇性のあるものから減らすことを考えますし、副作用が問題なら薬を減らすか変更を考えます。また、薬が効いていないと感じる場合は、試しに徐々に減らしてみて効果をたしかめるという方法もあります。医療的には、すぐ効く薬・効いた実感のある薬には習慣性のあるものが

多く、そちらのほうを先に減らすべきだと考えますので、この点は主治医とよく相談する必要があります。

自己判断での減薬や薬の中止が危険な理由

精神科や心療内科で使う薬（向精神薬）について基本的なところを少し説明します。

向精神薬には、短期的に症状を抑える薬と長くのんで病気自体を軽くする薬があります。薬は症状を軽くして、可能ならなくしてしまうことを目標にします。薬を服用しているうちに病気が治ってしまうことはあります。

すぐに効果が実感できるものとして、睡眠薬や抗不安薬、続けて服用することで初めて効果が出るものとしては抗うつ薬、抗精神病薬、抗てんかん薬、気分安定薬などがあります。短期的に効果の出る薬のほうが、効いているように感じ、後者のほうはあまり効いている実感がないので注意が必要です。

しばらく薬を服用すると、身体は薬をのんでいる状態に合わせて変化するので、急に服薬を中止するとバランスが崩れて、さまざまな問題が起こることがあります。退薬症状とか中断症状と呼ばれます。退薬症状が起こりやすい薬としては、抗うつ剤、抗不安薬、睡眠薬などがあります。抗てんかん薬については、自己判断で薬を減らすのは重篤な発作が起こることがありとても危険です。長く服用して効果が出る薬は、減らし始めは副作用が軽くなってむしろ調子が良くなったように感じることがありますが、しばらくしてから調子が崩れることがあります。

薬の副作用情報の重要性

薬をのむときに副作用が気になることは当然です。ただ、副作用なのかそうでないのかがわからないことがあります。もっともシンプルな判断は、薬を飲み始めたか増量した後で起こった症状かどうかです。主治医に説明を求めることもできますし、今は、ネットで

すべての処方薬の添付文書を調べることができますので、それで調べてから医師や薬剤師に相談することもできます。添付文書で大事なのは、禁忌（絶対使ってはいけない場合）、慎重投与、重大な副作用のところです。次に、副作用の頻度が書かれていますので、それも参考にしてください。特に重大な副作用の情報は重要です。重大な副作用が疑われた場合、できるだけ早く主治医に連絡を取ってください。症状によっては、早く処置をしないといけないこともあるので、主治医に連絡がつかない場合は、PMDA（独立行政法人医薬品医療機器総合機構）ウェブサイト（https://www.pmda.go.jp/）にある「重篤副作用疾患別対応マニュアル（患者・一般の方向け）」も参考にしてください。PMDAではすべての医薬品の添付文書を探すこともできます。

薬を減らすときに気を付けること

　大原則として、一度に減らすのは一種類だけ、できるだけゆっくり減量です。睡眠薬や抗不安薬は比較的安全に減らせる薬ですが、服用している期間にもよりますが、急に減らしてしまうとまったく眠れなくなったり、自律神経が不安定になったり、量によってはけいれんを起こしてしまうこともあります。減らすときは、１錠単位ではなく、多くても半錠、できればもっと少なめに減量して少しずつ減らします。錠剤の場合は、ヤスリで少しだけ削る方法を勧めています。

　効いているように思わないのに医者はのむように言う向精神薬のなかには、症状がよくなっているのに服用を続ける薬があります。てんかんの薬が代表的です。てんかんの薬は発作を起こりにくくするものなので、発作が起こらなくてものみ続ける必要があります。抗うつ薬や抗精神病薬でも、症状がなくなってからも服薬を続けることが一般的で、維持療法と呼ばれます。そのほうが再発を少なくできると考えられているからです。

　維持療法をいつまで続けるかというのは、非常に難しい問題で

す。服薬を続けることのデメリット、これまでの再発の頻度や重篤度、再発した場合の犠牲（症状のつらさや仕事を休むか辞めないといけなくなる、学業が遅れるなど）を総合的に考える必要があります。

妊娠中、授乳中はどうするか

　妊娠を考えている方、妊娠中あるいは授乳中の方にとっても、向精神薬の胎児や乳児への影響は心配になると思います。以前は、妊娠中はなるべく薬をやめるべきだという考えが強く、薬をやめられないから妊娠をあきらめてしまうという方も少なくありませんでした。近年、妊娠中、授乳中の服薬については、リスク・ベネフィット（服薬による危険性と得られる利益）を慎重に考えて服薬を続けながら妊娠することが推奨されるようになっています。薬によってリスクは大きく異なるので、リスクに関する最新の情報を参照するようにしてください。日本周産期メンタルヘルス学会が最新の情報を「周産期メンタルヘルス　コンセンサスガイド」（http://pmhguideline. com/）として出していて、ネットから誰でも見ることができます。

一度中止した薬を再開する場合に気を付けること

　中止したり、しばらく飲み忘れていたりした薬を再開する場合、服薬していない期間が数日以上の場合は徐々に服用量を増やさないと副作用が出やすい薬があります。特にラミクタール（ラモトリギン）とSSRIと呼ばれる抗うつ薬では注意が必要です。逆に、数日服用を忘れると退薬（離脱）症状が出るものもあり、このような場合は服用を再開することで比較的すみやかに退薬症状は改善されます。

相談できる人をみつける

　不安は、一人で抱えると大きくなります。誰か相談できる人がいるだけで、ずいぶん違います。

　薬を減らしたりやめたりする場合、信頼できる人に相談することをお勧めします。根性で治せとか、薬はどれも毒だとかいうような

極端な考え方をする人は避けるほうがよいでしょう。相談している
うちに、問題が整理できて主治医と話しやすくなることもあります。
診察についていってもらうのもよいでしょう。PSWや薬剤師など
スタッフに言ってみるのも一法です。

　主治医と話すときには、まず今のんでいる薬は何のためにのんで
いるかを聞いてください。そのうえで、のんでいてどう感じている
かを話します。「効いているように思えない」とか「眠くて困る」
とか。できれば、手帳などに今のんでいる薬をいつからいつまでの
んでいるか、その間の調子はどうだったかを書きとめておくと相談
しやすくなります。

大久保 圭策

コラム❼

薬とのつきあいかた
「対等な」関係のもとで服薬を考えたい

多くの病院やクリニックなどのホームページを見ると、「精神疾患は薬物治療が基本です」と書いてあります。しかし、薬物治療は「基本」ではなく、急性期においては応急的な、回復期においてはあくまで補助的な役目であると思います。精神疾患の治療の基本は、安心安全な環境で心身に十分な休養をとることだと考えます。

たしかに薬は、私たち精神障害者にとって支えの一つといえるでしょう。ですから「精神科の薬をのむこと」に対する偏見をなくしたいです。さらに「何をどれくらいのむのか（あるいはのまないのか）は患者が主体的に決めること」が、治療現場の主流になってほしいです。

「当事者と主治医」の間では、どうしても専門的な知識をもつ医師に意思決定のパワーバランスが傾きがちです。治療の場では、当事者の意向や体調などを丁寧なコミュニケーションのなかで互いに把握し、当事者が主治医と対等に話し合える信頼関係の構築が欠かせません。

しかし実際には、「当事者が安心・納得できる対等なコミュニケーション」から程遠い医療現場が多いのも事実です。そうなれば患者側の「薬をのむこと」に対するモチベーションも維持できませんし、そもそも「自分が薬に対してどう向き合いたいか」を考える契機も生まれにくいです。ただ処方に従って薬をのみ、副作用などで服薬が嫌になって自己判断で断薬や減薬をし、その結果不調を招いてしまう人もいます。薬の副作用（リスク）と効き目（ベネフィット）をきちんと知ることは、患者の大切な権利です。

医師には、当事者の意思に伴走するように寄り添い、専門知識を「対等な関係のもとで」発揮してほしいです。私たち当事者にも、自分の処方に対して積極的に考える姿勢が求められているのだと思います。

鷺原 由佳

コラム❽

ピアカウンセリングは
生きていく力を取り戻す助け合い

　私たち障害当事者が運営する自立生活センター（CIL）では1980年代から「ピアカウンセリング」（以下、ピアカン）を活動の柱の一つとしています。私自身、精神障害があり、不安やうつ、パニックなどでときどき調子が悪くなり、自己肯定感も低く常に人の気持ちが気になっていましたが、ピアカンを始めてから「障害」に対する考え方が変わり、リーダーシップをとる機会が増え自信が出てきました。ここではCILでのピアカンの考え方をベースに「ピアによる助け合い」とは何を目指しているのかを考えたいと思います。

　CILが開催するピアカンには、目的が三つあります。一つは「自分を好きになること」、二つ目は「人を好きになること」、三つ目は「社会変革」です。

　CILはどんなに重度の障害をもつ人も親の家や施設・病院ではなく、地域で自分らしく自立生活し、また自立生活をする仲間を増やし、誰もが同じ社会で暮らしていくことを目指しています。障害の一番の専門家は障害者です。他人の力をたくさん借りながらも、人生を人に委ねず主体的に生き、自らがサービスの担い手になって、障害の種別を問わずにさまざまなサービスや権利擁護活動をしています。

　CILは、自分の人生を「自分で選び」「自分で決め」「自分で責任をもつ」ことを大切にしています。私たち障害者は専門家に囲まれがちです。医者、看護師、保健師、精神保健福祉士、作業療法士などです。苦しい時、困っている時に頼れる専門家がいることは心強いですし、医療や福祉のサポートはとても大事です。しかし、一方的にずっと助けられつづける存在でいつづけると、力をどんどん失ってしまうと私たちは考えます。また医療者は症状が軽くなったり症状がなくなることが「快復」だと考える傾向があります。いいかえれば「障害や症状

がある状態はよくないこと」ということになります。障害者本人は無意識に「よくない体や心をもった私」と思い込んでしまうことも多いのです。すると自分を嫌いになり、自分以外の障害者や、自分を認めない健常者も嫌いになってしまうかもしれません。自分で決めることも苦手になるかもしれません。ピアカンの目的の反対です。私たちにとって大事なのは「健常者に戻る」のではなく、「障害や症状のある自分のままで自分らしい人生をつくっていく」ということだと思います。

　ピアカンでは、どちらかが「助ける人」「助けられる人」にならず、対等に話を聞きあいます。「人に助けられ」「人を助ける」この両方が、私たちが生きるうえで大切なことなのです。

　人はいろいろな方法で人に助けをもらって生きています。赤ちゃんは生きていくために、泣きわめいておしめを替えてもらい、おっぱいをもらいます。自分だけでは何もできない存在なのに、生きていく力にあふれていると思います。しかし大きくなるにつれいろいろな出来事があり、傷つき、恐怖心や疑いが生まれ、人との対話や人生まで諦めるようになることもあります。こうして誰もが赤ちゃんの時にはもっていたはずの「力」が奪われてしまうのです。

　ピアカンでは障害者同士で「ありのままの自分でいても否定されない場所」をつくり、話を聞きあいます。否定されないで人とつながる心地よさや、人への信頼感が安心につながり、悲しみや怒りや喜びなどがあふれてきます。その感情を止めることなく出すことで、傷が癒され、赤ちゃんの時にはもっていた生きていく力を取り戻すことができると考えます。これは「治療」ではなく、生きる力を取り戻し「エンパワメント」していくということです。

　ピアカン講座を受けていると、自分らしく人生を生きている先輩、弱さをみせているのにとても力強く感じる先輩など魅力的な人たちに出会うことも多いでしょう。素晴らしいロールモデルたちです。そんな先輩たちとピアカンをしているうちに「障害や疾病がある自分もいいじゃないか」「諦めていたことができるかもしれない」など、肯定的な感覚を覚えることがあると思います。それがエンパワメントの始ま

りです。そしてエンパワメントされ主体的に生きる自分の存在が、また誰かのロールモデルになります。それがピア活動の大切な部分だと思います。

　私たちCILにとってピアカウンセラー、ピアサポーターは、専門的な知識や技術で誰かを救うのではなく、仲間同士の助け合いの中からお互いにエンパワメントし、自立生活を実現し、自分たちが社会を変えていく存在になることだと考えます。ですから、誰かを支援するための専門的技術を学ぶことよりも、自分が助けられ、自分を大切にして、エンパワメントすることが大事だと思います。すべてのピアカウンセラーはまだエンパワメントの旅の途中にあるといえます。大事なのは「障害のある自分を好きになること」に取り組みつづけることです。それが人も自分も差別しない活動の根本になると信じています。

船橋 裕晶

Q14

病気や障害を理由に差別を受けたとき、またひどい取り扱いを受けたとき、助けになる法律や制度はありますか？

　2006年に障害者権利条約（以下、権利条約）が採択され、日本もその批准に向け、2011年に障害者基本法の改正、障害者虐待防止法の制定、2012年に障害者総合福祉法の制定、2013年に障害者差別解消法の制定と国内法を整備したうえで2014年に権利条約を批准しました。

　障害者差別解消法は病気や障害を理由に差別を受けたときに助けになる法律で、障害者虐待防止法は家庭や職場、学校や病院などでひどい取り扱いを受けたときに助けになる法律です。この2つの法律について続けて説明します。

障害者差別解消法とは

　病気や障害を理由に差別を受けたときに助けになる法律は、2016年4月から施行されている「障害を理由とする差別の解消の推進に関する法律」（以下、「障害者差別解消法」）です。障害者差別解消法は第1条で「障害を理由とする差別の解消を推進し、もって全ての国民が、障害の有無によって分け隔てられることなく、相互に人格と個性を尊重し合いながら共生する社会の実現に資することを目的とする」としています。差別をした人を罰することが目的ではなく、共生社会をつくることを目指した法律です。

　何が差別になるのかについて、差別の定義は2つあります。法律の下に策定された基本方針では、「不当な差別的取扱い」と「合理的配慮の不提供」を差別としています。

　不当な差別的取扱いとは「障害者に対して、正当な理由なく、障

害を理由として、財・サービスや各種機会の提供を拒否する又は提供に当たって場所・時間帯などを制限する、障害者でない者に対しては付さない条件を付けることなどにより、障害者の権利利益を侵害すること」としています。障害を理由に、利用や入場等を拒否する、場所や時間帯を制限する、障害者だけに条件を付けるといったことが不当な差別的取扱いです。ただし、正当な理由がある場合は免責されます。

　合理的配慮の不提供は、権利条約第２条の合理的配慮の定義を踏まえ「行政機関等及び事業者に対し、その事務・事業を行うに当たり、個々の場面において、障害者から現に社会的障壁の除去を必要としている旨の意思の表明があった場合において、その実施に伴う負担が過重でないときは、障害者の権利利益を侵害することとならないよう、社会的障壁の除去の実施について、必要かつ合理的な配慮を行うことを求めている」としています。

　ポイントは医療モデルから社会モデルへの転換です。従来、障害とは、機能障害に起因する個人の問題という医療モデルで考えられてきましたが、権利条約では、機能障害がある人にとっての社会的障壁によって生じる不利益や困難を障害とする社会モデルの考え方になりました。これを踏まえ、障害者が個々の場面において必要とする社会的障壁を除去するために、必要な合理的配慮を提供しないことを差別としました。ただし、負担が過重な場合は免責されます。

　差別を受けたときに相談する窓口は省庁ごとに設けられています。不当な差別的取扱いの禁止や合理的配慮の提供について、行政機関や事業者が適切に対応・判断できるように具体例を盛り込んだ「対応要領・対応指針」を、各省庁が策定しています。内閣府のホームページには「国の行政機関相談窓口（対応要領関係）」というものが掲載されており、ここに各省庁の担当窓口と連絡先が書かれています。

　以上は障害者差別解消法の説明ですが、自治体によっては国の法律よりも範囲が広かったり、内容が充実していたりする（「上乗せ・

横出し」の)「障害者差別禁止条例」を独自に策定しているところが
あります。内閣府の調査「障害者差別の解消に関する地方公共団体
への調査結果」によると、74の自治体で策定されています（2018年
4月時点）。差別を受けた時の相談対応として、ワンストップ相談
窓口を設けている自治体は791（44%）あります。自治体によっては、
障害者差別解消法にはない紛争解決のための独自の権限を差別禁止
条例に設けたものもあり、広域専門相談員と呼ばれる担当者が解決
に向けてサポートしてくれます。ぜひ、ご自分の住む地域（差別を
受けた地域）にどのような差別禁止条例があるか調べてみてくださ
い。

　障害者差別は、「自分は差別をしていない」と思ってなされるこ
とが多いです。健常者と同じように利用できなくても、障害がある
から制限があっても仕方ないと考えているのです。2006年に権利条
約が採択され、世界の考え方は大きく変わりました。日本も障害者
差別解消法が施行され、なにが差別かという共通の「物差し」がで
きました。この物差しの理解を広めることによって、差別のない社
会をつくっていくのです。法律は作って終わりではありません。さ
らに良い物差しへとバージョンアップしていくことが必要です。そ
のためには、実際の差別事例を蓄積し、事例を検討して法律に反映
させることが不可欠です。差別を受けたと思った場合は、必ず相談
窓口に連絡してください。差別事例を蓄積させていくことが、バー
ジョンアップにつながるのです。

　障害者差別解消法は、施行3年後に必要があると認めるときは所
要の見直しを行うとしており、2019年から内閣府障害者政策委員会
で見直しの議論が進められました。主な課題は、①法の対象範囲が
現在障害のある人に限定されている、②差別の定義に、間接差別と
関連差別が明確に入ってない、③民間の事業者は合理的配慮の提供
が努力義務にとどまっている、④紛争解決の仕組みが不十分である
ことです。DPI日本会議では、2019年6月に障害者差別解消法施行
後の実態調査を行いました。全国から約500件も事例が集まり、こ

のうち約300件が差別と考えられるものでした。実際にあったこれらの差別事例を元に、改正の提案書を作成し、働きかけを行っています。

差別解消法の課題と今後の見直し①
法の対象範囲

　法の対象範囲については、国連障害者権利委員会が出した障害者権利条約５条の解釈通知である「一般的意見６」では、「『障害に基づく』差別は、現在障害がある人、過去に障害があった人、将来障害をもつようになる素因がある人、障害があると推定される人に加えて、障害のある人の関係者に対して行われる可能性がある」としています。

　差別を受ける人は、現在障害のある人にとどまらず、過去に障害があった人（精神障害等）、将来障害をもつようになる素因のある人（HIVに感染し将来エイズを発症する可能性のある人等）、障害があると推定される人、障害のある人の関係者（家族や支援者等）も含まれるとしています。たとえば、家族に障害者がいて、障害を理由に住宅を借りられない場合は、家族も同じように住宅を借りられないという差別を受けるわけです。このような事例はたくさんあります。実態を踏まえ、障害者差別解消法も権利条約にそった改正が必要です。

差別解消法の課題と今後の見直し②
差別の定義

　差別の定義については、法律自体に定義がないこと、障害に関連したこと（盲導犬、車椅子等）を理由に差別する関連差別や、外形的には中立の基準、規則、慣行ではあっても結果的に他者に比較し不利益が生じる場合の間接差別が明確に定められていないことが課題です。

差別解消法の課題と今後の見直し③
民間事業者の義務

　合理的配慮の提供に関しては、民間事業者も義務化することが必

要です。義務化すると負担が大きくなって経営が成り立たないと言われることがありますが、過重な負担の場合は免除されますので、経営が破綻することはありません。多くの国では、民間事業者も合理的配慮を義務化されていますし、東京都をはじめとする複数の自治体の差別禁止条例でも義務化されていますが、混乱は生じておりません。

差別解消法の課題と今後の見直し④
紛争解決の仕組み

紛争解決については、現在は相談窓口が省庁別に分かれており、相談者はどこに連絡したらいいかわかりません。また、差別をした側を改善させる権限がどこにももたされておらず、効果的な仕組みではありません。ワンストップ相談窓口を設けること、差別をした側を改善させる権限をもった紛争解決の仕組みが必要です。佐藤 聡

障害者虐待防止法とは

2012年10月より施行されている「障害者虐待の防止、障害者の養護者に対する支援等に関する法律」(以下、障害者虐待防止法)は、障害者の当たり前の生活を守る法律です。虐待は障害者の権利や尊厳を脅かし、自立や社会参加を妨げます。対象となる障害者は、身体障害、知的障害、精神障害(発達障害を含む)のある人や、その他に心身の障害や社会的な障壁によって、日常生活や社会生活が困難で援助が必要な人です。

障害者虐待防止法により、障害者虐待対応の窓口等になるように、市区町村は市区町村障害者虐待防止センター、都道府県は都道府県障害者権利擁護センターとしての機能を果たすことが義務づけられています。

同法では、虐待を以下の3種類に分けています。1．養護者による障害者虐待、2．障害者福祉施設従事者等による障害者虐待、3．

使用者による障害者虐待です。

　具体的には、次の行為が虐待に該当します。

○身体的虐待は、障害者の身体に傷や痛みを負わせる暴行を加える。または正当な理由なく身動きがとれない状態にする。

○性的虐待は、障害者に無理やり、または同意と見せかけ、わいせつなことをしたり、させたりする。

○心理的虐待は、障害者を侮辱したり拒絶したりするような言葉や態度で、精神的な苦痛を与える。

○放棄・放任（ネグレクト）は、食事や入浴、洗濯、排せつなどの世話や介助をほとんどせず、障害者の心身を衰弱させる。

○経済的虐待は、本人の同意なしに障害者の財産や年金、賃金などを使う。または障害者に理由なく金銭を与えない。

　虐待の通報をした人や届け出をした人を特定する情報は慎重に取り扱われ、市区町村の職員には、守秘義務が課せられています。通報者が施設や職場の職員による場合、通報を理由に解雇などをすることは禁じられています。

障害者虐待防止法の問題点①
附則等の遵守

　しかし、現行の障害者虐待防止法には重大な問題点があり、改正が必須です。障害者虐待防止法では、「施行後３年を目途に検討を加えて、必要な措置を講ずる」とされています。

　法施行当初から指摘されていることとして、「教育」「医療」「官公署」の領域も対象に加え、国が責任をもって取り組んでいくことが急務です。

　障害者虐待防止法附則第２条では、「施行後３年をめどに学校、保育所等、医療機関、官公署等における虐待防止のあり方等について見直す」としており、障害者虐待防止法概要（厚生労働省）においても、「政府は、障害者虐待の防止等に関する制度について、この法律の施行後３年を目途に検討を加え、必要な措置を講ずるものとする」としています。しかし同法の施行後すでに数年が経過した

にもかかわらず、改正に向けた動きが見られません。こうした機能の位置づけの曖昧さが招いたと考えられる事件・事例の再発を防止する観点から、また日本が2014年に批准した障害者権利条約の完全実施の一環として、締約国の立場を世界に示す意味からも、早急な対応が必要です。

障害者虐待防止法の問題点②
学校現場における通告義務化の緊急性

　学校、保育所等の教育現場の虐待・差別・いじめ等の被害は年々深刻さを増しています。2016年度にも、大阪府立難波支援学校で、男性教諭が重度の知的障害がある生徒に暴行・暴言による虐待を何度も繰り返していたことが発覚しました。しかし教育現場では学校を聖域化して内部で処理しようとするため、虐待・差別・いじめの否認や隠ぺいが生じがちです。教育現場こそ、第三者の介入すなわち社会的・法的な支援が必須であり急務です。

障害者虐待防止法の問題点③
病院における通告義務化の緊急性

　日本の精神科病院には27万人を超える人々が入院しており、うち15万人以上の人の入院期間は１年を超えています。また、毎年５万人が退院するものの、そのうち２万人が死亡退院です。国は2012年までに社会的入院者７万人を退院させるとしていましたが、実質的には実現できませんでした。このような隔離収容主義は精神科病院における絶えざる人権侵害の温床となり、病院職員が入院患者に暴行を加え死亡させたことが明らかになった石郷岡病院事件（2015年に報道）は、その顕著な例です。また認知症高齢者の精神科病院への囲い込みを進展させようとするなど、日本の精神科病院中心主義は、国際的にも人道的にも、そのシステム自体が利用者への人権侵害といわざるをえない状況にあります。その中にあって治療を受けている多くの入院患者の人権を守るために、また利権化し閉塞化した精神科病院のあり方に内部から一石を投じやすくする意味からも、虐待通告義務化は急務です。

> **精神科病院での虐待事例（神出病院事件）**
>
> 　兵庫県神戸市西区にある精神科神出病院で、看護師・看護助手6名が、2020年3月4日、強制わいせつや暴行容疑で逮捕された。6名は50〜70代の男性患者3名に無理やり性的な行為をさせたり、トイレで水をかけたりして、虐待をしていた。またその様子を動画に保存しLINEで共有していた。被害者は1年から7年の長期入院者で、医療保護入院など強制的な入院で、いつ退院できるかまったくわからないなか、犯行がくりかえされていた。

障害者虐待防止法の問題点④
効力ある虐待防止施策に向けて

　障害者虐待防止法を改正し、深刻な状況にある虐待を防止するとともに、被害にあった人を早期に発見し救済していくために、以下の項目の実現を強く求めます。

　1　学校、保育所等、医療機関、官公署等を通報義務の対象とすること。

　2　福祉施設同等の虐待防止の仕組み（設置者等の責務とスキーム等）を作ること。また、この間の状況を踏まえて、通告者への保護を強化すること。

　3　同法の附則第2条をふまえ、学校や医療機関等における虐待や人権侵害の実態把握を公表するとともに、障害当事者が参画した虐待防止等に関する検討の場を設けること。

　4　虐待防止の実効性を高めるために、以下の項目を実施すること。

　a　施設や病院等にオンブズパーソンの仕組みを導入する。

　b　都道府県に設置される権利擁護センターと市区町村に設置される虐待防止センターの事業の中に障害当事者によるサポート（ピアカウンセリングやピアサポート）を位置づけること。

　c　重大な案件に対しては、国は責任をもって調査委員会を立ち上げ対応にあたる仕組みを設けること。

> **障害者虐待防止法前夜　障害のある従業員への虐待の歴史（水戸事件、サン・グループ事件）**
>
> 　1995年に発覚した水戸事件とは、茨城県水戸市の「有限会社アカス紙器」の社長によって行われた、助成金の不正受給、障害者への暴行、傷害、強姦事件である。事件の被害者であり知的障害・身体障害があるＯさんは次のように語った。
>
> 　「私が最初に訴えたとき、福祉事務所、ハローワーク、養護学校、警察、裁判所は私たちの言うことを聞いてくれなかった。信じてくれなかった。まともに聞いてくれなかった。障害のある人の訴えることを、きちんと親身になって聞いてほしいと思います」
>
> 　2003年3月、大津地方裁判所で「滋賀サン・グループ事件国家賠償訴訟」に対して下された判決は、障害者虐待における裁判史上画期的なものだった。判決は、知的障害のある原告たちの証言に基づき、サン・グループの社長による数々の虐待の事実を具体的に認定し、国と県の福祉・労働機関の公的責任を認めたのだ。
>
> 　これらの事件が、障害者虐待防止法（2012年施行）につながった。

加藤真規子

Q15
精神障害のある人の家族には どのような支援が 必要でしょうか？

調査が示した望まれる家族支援

　日本の精神障害のある人の家族は、情報もなく、社会から孤立し、支援を受けることができない困難にあるといわれています。まず、家族の誰かが精神疾患にかかった時、適切な情報をもっていた人はわずかにすぎません。家族は、適時適切な情報から孤立している情報弱者です。また、家族は時には親戚からも孤立しています。

　家族の全国組織であるみんなねっと（公益社団法人全国精神保健福祉会連合会）が2019年に実施した「精神障害当事者の家族に対する差別や偏見に関する実態把握調査」では、家族の誰かが精神疾患になった時、最初に伝える人として他の家族（家族会などのメンバー）と答えた人がもっとも多く、同じ悩みや苦しみをもっている他の家族には遠慮なく話せています。社会から孤立状態ではあっても決して孤立無援ではなく、話しあえる人がいるということはいえます。

　また、調査の結果からは、患者の多くが医療を受け障害者手帳をもつなど、ある程度制度を利用していることがわかりました。しかし、現在の状況に満足している家族は少ないこと、また、かなり重度の患者が、障害者総合支援法のサービスを十分利用することなく地域生活を送っている可能性があることがわかりました。

　その結果、家族が本人の世話などで日ごろからかなり疲れていること、さらには家族自身が高齢化し、親が亡くなった後への不安が強いことが示されました。

　制度の変化などについては「わからない」という回答が多く、家族に十分な情報が届いていないことがうかがえました。特に、普段

から信頼できる相談者がいないことや十分相談できる体制が整っていないことが背景となり、患者の状態が悪化した時、家族の負担が限界にまで高まることが示されました。

　調査結果をふまえ、みんなねっとでは次の提言を行っています。

・本人・家族のもとに届けられる訪問型の支援・治療サービスの実現

・24時間・365日の相談支援体制の実現

・本人の希望にそった個別支援体制の確立

・利用者中心の医療の実現

・家族に対して適切な情報提供がされること

・家族自身の身体的・精神的健康の保障

・家族自身の就労機会および経済的基盤の保障

リカバリーへの効果的な参画を

　1964年に「全国精神障害者家族連合会」という家族による最初の全国組織が立ち上がり、家族同士が互いに支えあう家族相談を始め、家族会定例会・研修会を行ってきました。現在みんなねっとで実施している「家族による家族学習会」も相互支援の一つです。

　日本ではこのように早い時期から家族同士の相互支援を行ってきましたが、未成年の子に対する親にのみ扶養義務がある多くの国とは異なり、民法877条によって家族間の相互扶助が義務づけられており、家族の負担はかなり重いものがあります。家族による学習会や家族同士の相談ももちろん大切ですが、それだけでは限界があります。やはり当事者本人を含む家族全体を地域のなかで支援していくような枠組みのなかで、当事者や家族のリカバリーに効果がある政策への参画ができるようになることが必要です。

参考図書
夏苅郁子『もうひとつの「心病む母が遺してくれたもの」』日本評論社 2014

本條 義和

Q16
旧優生保護法のもとで行われた
強制的な不妊手術について
教えてください。

【体験】
誤った国の政策による人生被害

診察もなく精神科病院へ強制入院

　私は第二次世界大戦中に生まれ、子どものいない農家にもらわれ実子として育てられました。その後弟と妹が生まれ、小学4年生頃から父親が私に冷たくあたるようになりました。2歳のときに小児まひにかかり右足が悪くなりました。農家の仕事を手伝うこともできず、いつも父母から怒られていました。中学生頃から親に反抗し、お金を無心するようになりました。16歳のとき、東京で就職しましたが1年ほどして戻り、札幌で就職したのですが仕事も周囲との関係もうまくいきませんでした。その頃、お金を借りるために実家にときどき出入りしていました。

　19歳だった1960（昭和35）年の夏の午後、実家に戻ってみると警察署の巡査と父親がいて、いきなり手錠をかけられました。父は「お前みたいなやつは一生ぶちこんでやるから。お前が悪いからだ」などと言いました。警察官のオートバイに乗せられ、着いたところは病院でした。事務長と思われる人と看護師が来て、突然私の腕をまくり、私は注射を打たれ気を失い、気がつくと手に革手錠をかけられた状態で鉄格子がある部屋に入れられていました。2、3日その独房にいた後、雑居房に移されました。そこで初めて自分が精神病院に入れられたことがわかりました。婦長に「あんたは精神分裂病（現在は統合失調症と呼称）で障害者だ」と言われ、「どうして診

察もしないでそう言うのか」と尋ねても「そうだから」としか言われませんでした。入院中、一度も精神科医の診察を受けた記憶はないです。病名をつけられて何年も入院させられる人が何人もいると聞きました。

強要された不妊手術

雑居房で、子どもができなくなる手術を受けさせられた人から、みんな子どもができなくなる手術やロボトミー手術を受けさせられるのだと聞きました。婦長に聞くと「当たり前だ、精神分裂病だし、障害者だし」「そういう子どもができたら、困るんだから」と言われました。私は暴れ、また2、3日「独房」に入れられました。その時も注射を打たれて気を失ったり、頭に電極をつけて電気ショックをかけられて一時的に気を失ったりしました。

半年ほど経った日、婦長から「小島さん、明日手術をしますよ」と言われ、「嫌だ」と拒否したのですが、取り付く島がありませんでした。次の日、婦長と病院の仕事を補助する役目の患者4、5名に囲まれて、手術室のようなところに連れて行かれ、抵抗したところ補助役の患者にベッドに押さえつけられ、両手両足を拘束具で縛り付けられ、ズボンを脱がされて、看護師に両足の付け根に麻酔を打たれました。手術の時は外科部長と看護師がいました。麻酔は十分に効いておらず、激しい痛みを感じました。1時間半ほどの手術だったと思います。この日は、私を含め5人の手術が行われており、知的障害がある男の子もいました。手術後は寝るしかできず、補助役の患者が患部のガーゼを取り替えたり食事介助をするなど、患者が患者の世話をするような状況でした。排尿する時の強い痛みは1年以上続きました。これからの人生や生活、結婚に大きな不安を抱きました。

病院からの脱走、仕事、結婚

手術後1年ほどして、私はおとなしく病院の指示に従うことで模

範的な患者となり、いろいろ自由がきくような役割を受けもつことができるようになりました。私はゴミを出す係になり、ゴミを出す時には病院の裏口に出すのでいつかここを逃げ出そうと考えていました。ある日スリッパを履いたままで逃げました。所持金は一切ありませんでした。バスに乗って伯母の家に行こうとし、バスを降りる際に所持金がないことを運転手に告げると「いいよ」と言ってくれたので、何とか伯母の家にたどり着くことができました。

伯母は、私が「真面目にやるから引き取ってください」とお願いすると引き取ってくれました。その後病院の職員らが私を連れ戻そうと来ましたが、伯母が追い払ってくれたようで、何とか伯母の家で生活できるようになりました。その後、私は仕事をするために20歳のときに免許を取り、タクシー運転手になりました。

1965年に最初の結婚をしました。妻から「なぜ子どもができないのか」と聞かれ、私は「おたふくかぜになったので子どもはできない」としか言えませんでした。その妻とは離婚し、その後、今の妻と再婚しました。57年もの間「優生手術」を受けたことを誰にも話すことができず、一人で抱えて悩んできました。

報道で知った同じ被害者

2018年1月末に、北海道新聞に掲載された、強制不妊手術を受けた仙台の人の記事を読んで、初めて私と同じ境遇の人がいて裁判を起こしたことを知りました。妻に私も手術を受けさせられたことを告げようか悩み、2月1日夜に「別れを切り出されるかもしれない」という覚悟で初めて告げました。妻は最初驚きましたが、「事実だったら電話をしたら」と背中を押され、勇気を出して弁護士による電話相談に電話してみることにしました。翌日の電話相談開始時間になっても、なかなか電話をすることができず、ようやく決意して弁護士に相談することができました。この電話をきっかけに裁判を起こすことになったのです。

裁判を起こすことを決めたのは、これまで私は病院が手術をさせ

たのだと思ってきましたが、本当は国がこのような法律をつくり手術をさせたんだということを知り、たたかっていかなければならないという気持ちが出たからでした。報道に実名と顔を出している理由は、私と同じように「優生手術」を強制された人に対して、同じ境遇の人がいて声を上げていることを知ってもらい、勇気をもって声を上げて訴えてもらいたいと考えたからです。

　私は、57年前に「精神分裂病」と決めつけられ何の説明もされないまま「優生手術」を強制的に受けさせられたことを誰にも言えず、また子どもができない理由について妻に正直に説明ができないことで、たった一人で悩み苦しんできました。この苦しみの原因は、今になってみれば、国が強制的に私に優生手術を行ったことしかありません。優生保護法という法律のことを誰も教えてくれませんでした。警察官が私を病院に無理やり入れ、病院が私に無理やり注射をして独房のような場所に閉じ込めたうえ、子どもをつくれなくなる手術を無理やり私に行ったと思っていたのです。国がやったということがわかっていれば、私ももっと早くから立ち上がってたたかっていたと思います。

　もし裁判で私が勝ったとしても、私の人生が戻って自分の子どもがもてるということにはなりませんし、私の苦しみや憎しみがなくなることもありません。今でも、自分の子どもをもっていれば、もう少し人生も違ったかもしれないと思うことがあり、妻にも長い間本当のことが言えずに申し訳ない気持ちです。私のように、国の誤った法律・政策によって人生を大きく狂わされるような被害者を今後二度と出さないためにも、裁判において国の責任が認められ、きちんと償いをしてもらいたいと考えています。

（全国8法廷・25人の原告〈2020年8月現在〉の一人として、優生手術被害の経験を陳述した内容より）

小島 喜久夫

【解説】
強制不妊手術を支える優生思想

　自分の意思とは関係なく、優生上の理由により、子どもを産めない、つくることができない身体にすることを、男性であっても女性であっても「強制不妊」といいます。1948年に成立した優生保護法は、1996年に改正されるまで、このような強制不妊と人工中絶手術を認めていました。この法律は、第1条でその目的について「優生上の見地から不良な子孫の出生を防止するとともに、母性の生命健康を保護すること」と定めていました。

　「優生上の見地」というのは、人を「優れている」「劣っている」と評価したうえで、劣っている、不良であるとされた人たちに子どもを産ませないということを正当化する考えです。この法律ができた1948年は、第二次世界大戦後の人口増加により食糧が不足していた時代で、政府による、生まれる子を減らそう、障害のある子どもが生まれることを抑制しようとした考えが背景にあったとされています。

　旧優生保護法下で行われた不妊手術は約2万5000件と報道されています。法の対象障害・疾患でなかった人、法が許容していなかった子宮摘出や放射線照射をされた人がいることもわかっています。厚生労働省の記録では、本人の同意なく不妊手術が行われた件数だけで約1万6500件、被害者の7割が女性でした。また被害者の多くは未成年でした。

　小島さんも19歳の時、素行不良を理由に強制的に精神科病院に入院させられ、医師の診断を受けることなく精神障害があると決めつけられ、優生保護法のもとで不妊手術を強制されました。

　2018年1月に仙台で初めて優生手術被害者による訴訟が提起されたことをきっかけに、小島さんをはじめ全国で国に対し損害賠償を求める訴訟が提起されました。国はこれを受けて、ようやく被害者本人の請求に基づいて被害を認定し一律320万円を支給する法律を

つくり、2019年4月から施行しました。

　差別的な思想に基づく優生保護法は、障害者や女性による運動とともに母体保護法に改正され、障害等を理由とする強制不妊手術を定めた規定は削除されましたが、法律が改正されただけではその根本的な原因である優生思想がなくなったとはいえません。

　障害等を理由として子どもをもつべきではない、あるいは、「本人のためだ」といって実質的な同意がないまま不妊手術が実施されることは現在でも起こっています。現に、2020年1月、自らの意思に反して不妊手術を受けさせられたとして、男女2人が日本弁護士連合会に対して人権救済を申し立てました。うち男性は、統合失調症との診断を受け入退院を繰り返していましたが、40代の頃、2年ほど入院した際に、不妊手術を受けないと退院できないと告げられ、男性は、手術を受けたくないと繰り返し伝えたにもかかわらず、無理やり同意させられ、パイプカット手術を受けました（資料：片方司 2018/8/16「私は訴える―精神障害を理由にした不本意な不妊手術について」https://acppd.org/a/412）。

　誰でも、子をもつ／もたないことを自分で決めることができるという「性と生殖に関する健康・権利（リプロダクティブヘルス・ライツ）」をもっています。決めるのはその人自身であって、他人が勝手に決めることはできません。障害や精神疾患があること等を理由として、人生のさまざまなことについて障害者自身の意見を尊重せずに、現在の差別的な社会を前提として考えを押し付ける「パターナリズム」が、障害者の権利の実現を妨げている原因の一例といえます。

　このような優生思想をなくすためには、人は生まれながらにして平等であるという人権の重要性について絶え間なく声をあげ、障害とは身体・精神的な機能の話ではなく、差別をつくりだす「社会」のことだと訴えていく必要があります。

　現代の社会に根深く残る優生思想は、優生保護法のようにわかりやすく法律でつくりだされるものばかりではなく、私たちの毎日の

生活のなかで必ずしも「差別」と意識しないような言動からも強められてしまうものです。もし、障害のために子どもをもてないという声があるなら、それに対してどうしてそう思うのか、それを変えていくことはできないのか、と私たちが問いかけることが必要ではないでしょうか。

参考図書
毎日新聞取材班『強制不妊—旧優生保護法を問う』毎日新聞社 2019
参考：優生保護法被害弁護団 http://yuseibengo.wpblog.jp/

佐藤 暁子

Q17

精神障害のある人が
子どもをもち育てるために
どんな支援が必要でしょうか？

子どもをもつ・育てることへの支援

監視ではなく支援を

　残念なことに精神障害のある人が子どもをもつ・育てることについての否定的な風潮や抑圧は、いまだに根深く残っています。たとえば、「母体保護法下の不妊手術・中絶被害について当事者と一緒に考える院内集会」（2020年1月開催）では、1996年以降の母体保護法下における障害を理由とした不妊手術が行われている実態が、当事者の証言をもとにして明らかにされました。「精神科病院の退院の条件にパイプカット手術を強いられた」と、悲痛な面持ちで当時のことを振り返った男性のお話を聞いたとき、怒りと悲しみに体が震えました。このようなことが遠い昔のことではなく、21世紀以後になってなお起きていることに愕然としました。そして、そこには地域での精神障害のある親についての「育児支援」の実態を重ねずにいられません。

　結論を申せば、母子保健の領域において精神障害のある親は、"虐待リスク"として扱われています。実際に、執拗な家庭訪問に辟易としている友人がいます。「お子さんのことで困ってることありませんか？」と聞かれるたびにドキッとする。自分なりに母親として自覚をもって子どもに向きあっているのに。表面的には育児支援というんだけど、あなたはダメな親じゃないかと疑われることが、どんなに悲しいことか。日頃のことで吐露したいことはある。言いた

くてもなにも言えないことで、そのことでまたモヤモヤとした気持ちを抱え込んでしまう」と話してくれました。子どもの健やかな日常は守られて当然ですが、それには、親が虐待をしていないか否かという監視ではなく、親子での生活を享受するための支援やコミュニティが必要ではないでしょうか。現在、私には3歳になる息子がおります。自分事の問題としても何かできないかと考えてきました。

精神障害当事者の出産・育児体験のわかちあいグループ

　幸いなことにご縁をいただき、日頃の当事者会活動の他に、精神障害がある当事者の出産や育児の経験のわかちあいをコンセプトに活動するピアサポートグループ「ゆらいく」（神奈川県横浜市）に関わっています。このグループでは、親子参加の顔を合わせた交流会や、子どもが寝静まった夜に開催するオンラインでの交流会などを行っています。オンラインでの交流会には、全国津々浦々から、直近では20人ほどの参加がありました。参加している当事者の背景はさまざまです。ある参加者は、子どもの関わりのコミュニティで自身の障害のことをオープンにしていないという方がいました。その女性は、「育児のしんどさをここまで話せたのはうれしかった」とも話していました。私自身にとってもうれしかったのは、精神障害のあるパパたちとの交流の機会になっていることです。男親として世間一般で期待される役割（経済的なことや、イクメンに代表されるような育児の関わりのことなど）をなかなか果たせていないことへの胸の内のもどかしさを話せた経験は、私にとっても貴重なものでした。

　また、育児に関するサービスの情報交換の機会でもあります。産後ヘルパーの派遣や保育園での預かりのほかに、数は少ないですが障害福祉サービス（障害者総合支援法にある居宅介護サービスの家事援助に含まれる育児支援）を利用している人もいます。しかし、これは他の障害分野でもいわれていることですが、パートナーの障害の有無や世帯収入によって、サービス利用に壁があるようです。また、サービス支給量の地域差があり、なかなか浸透はしていません。

わかちあいの場では、実際にサポートを利用することについても話が及んだことがありました。ある参加者は、「親としてちゃんと自分でやるべきことをやらなくてはいけないのではないか」と、その人自身がサービスを使うことに後ろ向きな気持ちがあると話してくれました。それに対して、他の参加者は「できないことを無理やりに頑張るのではなくて、時には気持ちを吐き出しつつも、時にはサポートを積極的に利用してもいいんじゃないかな」と経験をもとに話してくれました。親として自身の障害を受容することは、子どもの生活を守る意味でも大切。でもそれはわかっていても気持ちの整理がつかない——こういう気持ちの部分を含めてオープンにできるコミュニティが、当事者にとって必要だと私はあらためて思っています。

冒頭に申し上げたように、精神障害のある人が子どもをもち育てること自体についての否定的な風潮はいまだに根強くあります。実の親から結婚を反対されている、医療者からは体調が悪くなるから男女交際自体やめるように言われたといったケースも耳にします。「ゆらいく」では、経験談や事例をプライバシーに配慮しながら蓄積をして、当事者が望む育児情報パンフレットの制作にも取り組んでいます。子どもに親の障害のことをどのように理解してもらうか、利用できる公的なサポートはどのようなものかなど、これから子どもをもつことを検討している精神障害の当事者にとっても前向きになれるような情報をお届けできればと思っています。このような取り組みを通じて、精神障害のある人とその子どもが孤立することなく、自分の人生を主人公として歩んでいける本人主体の社会づくりに寄与できればと思っています。

参考図書
蔭山正子『メンタルヘルス不調のある親への育児支援』明石書店 2018

山田 悠平

妊娠・出産・子育て
我が家の場合

本人の「やりたい！」を応援

　私の長女は22歳で統合失調症を発症、断薬や服薬調整を機に二度の再発を経験しましたが、31歳で結婚、32歳で出産。子どもは、現在、小学生です。毎日の食事作りに悩んだり、些細なことから親子げんかや夫婦げんかをしながらも仲良く３人で暮らしています。

　親の立場で考えると、生活環境の変化や出産までの体調管理、出産時の大変さ、出産後の睡眠時間を削りながらの対応など、数え上げればきりがないほど不安ばかりでしたが、誰よりも大きな不安を抱えていたのは長女自身でした。不安だからこそ、母親の私には理解してほしかったのでしょうが、当初の私には「大変な病気や生活のしづらさを抱えているのだから、何より穏やかに暮らすことを考えてほしい」との思いが強くありました。長女に何度も「お母さんは私の気持ちをわかっていない！」と怒鳴られて、私は長女のことを考えているようで、実は私自身の安心を考えていた……その根底には、「精神障害があるから、そうでない人のようにはできない」という思い込みがあったのです。そこに気づいた私は、「できる・できない」を考えるのではなく、長女の「やりたい！」を応援すると決めました。主治医の応援もあり、長女は自分から考えたり工夫したりして生活を立て直していくようになりました。しかし、このプロセスには多くの困難もありました。

　私自身もそうだったように、家族や周りの人たちからの心配や不安の声があり、時には強く反対されることもあると思います。家族ばかりでなく、主治医（精神科）や支援者から反対される場合も多くあります。ある事例ですが、妊娠がわかってから主治医の強い反対にあい、周りの人たちからの強い説得で本人もしぶしぶ中絶を受け入れたが、その後、精神状態が悪化、離婚し、ひきこもり状態が

続いているという方がいます。妊娠・出産は、精神障害のあるなしにかかわらず、人の生き方そのものだということを忘れてはならないと思います。精神科治療における妊娠・出産のリスクの説明は丁寧に行われるべきですし、主治医の意向も伝えてよいと思います。が、その最終的な選択・決定は当事者に委ねられなくてはならないと思います。現状では、的確な情報提供がなされずに、当事者も周囲の人たちも偏見や思い込みによって判断せざるを得ない状況にあることが多いです。[*1]

精神障害のある人の出産を受け入れる病院

　総合病院の精神科を受診していれば、同じ病院内で受け入れが可能ですが、そうでなければ病院を探さなければなりません。特に精神科病院に入院歴がある人の出産を受け入れる病院はとても少ないのが現状です。長女は、病状は安定していましたが待つことが苦手だったので、近隣の産科を受診したところ、「そういう人は受けられません」と紹介状を書くことも拒絶されたというつらく悲しい経験をしました。他にも、身内が出産した病院に受診したが断られた、どこに相談したらよいのかわからない……といった声が聞かれます。長女の場合、その後、知人を通して病院を紹介され、病室や面会時間など柔軟に対応してもらい、新しい命を授かるという体験を喜びとともに経験することができました。その体験が自信となり、人への信頼感ともなり、その後の病状安定や子育て生活にもよい影響を及ぼしていることを実感します。

　長女は出産前に保健センターの教室に通い、妊娠・出産・新生児ケアについて学びました。なかには、そのような場に出かけられない人もいるでしょう。その場合には出前教室のような選択肢が必要だと思います。出産後には、出産した病院から地域の保健センターに連絡を取り、訪問支援体制につながることができました。これはとても心強く安心でしたが、地域保健師の訪問は半年ほどで「いつのまにか来なくなった」（長女の言葉）のです。最後の一報は電話で

「何かあったら、いつでも電話してくださいね」ということでした。当事者にとって「何かあったら連絡」は「連絡するな」と同じだと考えてもらわなければなりません。現に、長女は「死ぬことばかり考える時期」があったにもかかわらず、その後一度も保健師への連絡は入れていません。その後の生活は、保育園、ホームヘルパー、精神科訪問看護、生活支援センターなど、地域の資源を活用しながら現在に至っています。これらの資源につながるまでに数年の歳月をかけました。まずは自分で頑張りたい、頑張ったけれど難しいから保育園に……というように、一つひとつを体験しながら生活を組み立てていったからです。

　私たち親やその周囲にいる多くの人たちに、精神障害のある人は考える力や選択する力、決断する力、生活する力などの「能力に欠けている」との思い込みはないでしょうか。確かに病気の症状などにじゃまされて、十分に能力が発揮できないことはあるかもしれませんが、その意思を肯定的に理解し、苦手な部分をフォローし、失敗も含めた実体験を重ねながらできることがたくさんあります。人として歩むそのプロセスは、障害のあるなしに関係なく、誰でも同じだと思います。大切なことは、自分を信頼し、人を信頼できる環境をどうしたらつくれるかではないかと思います。

＊1　2018年度より産婦人科医師と精神科または心療内科医師の連携に伴う診療報酬が創設されており、2020年4月改訂ではさらに利用しやすい内容になりました。出産育児とメンタルケアは切っても切れない関係であることが遅まきながらようやく制度でも反映されるようになってきています。まだ数は少ないとは思いますが、ご本人の意思を大事にしながら出産・育児を多職種で継続的に支援する姿勢の医療機関も出てきています（情報提供：相談支援事業所風真鳥　榎原紀子）。

岡田　久実子

コラム❾

生きた心地がしなかった児童思春期病棟

　私は、中学3年生の高校受験シーズン真っ只中、児童思春期病棟という開放病棟の一角につくられた二重扉で塞がれた5床しかない病棟にアルコール依存症のおばちゃんと一緒に入院していた。

　当時、児童思春期病棟ができたばかりらしく、私が第1号患者といううわさもある。

　入院形態は医療保護入院、私が入院したのは2012（平成24）年である。

　部屋の隅々にある防犯カメラ、二重扉の上にご丁寧にも毎回職員は両方の鍵をかける。

　入院時、看護師は「医療保護入院のお知らせ」と一緒に1枚の紙にサインするように差し出した。「防犯カメラによる監視の同意書」。とうてい納得できるわけがないので、拒否した。

　すると保護者にサインしてもらうからいいと言われた。

　だったら、自分で同意したほうが気分はまだマシだと思ってしぶしぶ同意したが、腸が煮えくり返るような思いだった。

　未成年者の理不尽さを初めて感じた。子どもなら本人が同意しなくても保護者に同意させればそれでOK。これがまかり通るのか……と。

　中学3年生になれば十分な意思決定はできる。それを全面否定された気分だった。

　そこから、この病院からとっとと退院しないといけないという気持ちが強くなった。

　その時、「医療保護入院のお知らせ」の中にあった精神医療審査会の項目に目が止まった。

　よし、退院請求しようじゃないか。

　がしかし、携帯電話は没収され、所持品も本と衣服、音楽プレイヤー以外は全て没収中。おまけに二重扉の先にしか公衆電話はなく、

私は二重扉の先に出してもらえない。

　アルコール依存症のおばちゃんは自由に出入りしていて正直羨ましかったし、看護師のスキをついて脱走も考えた。

　公衆電話を使うには小銭かテレホンカードが必要であるが、どちらも没収されている。

　とりあえず、ナースコールで退院請求の電話をしたいから所持金を返してほしいと伝えた。

　すると看護師は「主治医に確認してみないとなんとも言えないのでちょっと待っててください」と回答した。

　１時間待っても返事がないので、半ギレで再度ナースコールしたら所持金は渡せないと言われた。

　「はぁ？　レターセットもない。自分で買い物もいけない。所持金没収中でどうやって退院請求するんだ、ボケ」と心底思った。入ったことはないけど、拘置所のほうが処遇マシやん……。

　問題行動を起こして強制退院も試みたが、かえって身体拘束がついてくるという情けない結果で、退院は諦めた。

　でも、この気持ちは絶対忘れてはいけないと強く思った。

　なぜならば、私は中学１年生からハンセン病・HIV・LGBT（Q）の人権啓発活動をしていた。その真っ只中での入院だったので、この紙だけの権利保障にすぐ気がつくことができた。

　そしてこの感性をいつかどこかで必ず使うときがくるだろう。そう思ったからだ。

　紙だけの権利保障なんて要らない。精神障害があっても地域で安心して生きることができる社会こそが本当の権利保障である。

　入院中、悪いことだけでもなかった。家庭内トラブルがあった私にとって受け持ちの２人の看護師がお母さん・お父さん役をしてくれて疑似家族ができた。

　そして、お父さんは成人するまで異動せず見守ってくれた。今は会うことはできてないがとても感謝している。お母さんはガミガミうるさいので「ガミガミ」と愛称を込めて呼んでいるが、いつも見守って

くれている。とても感謝している。

　最後に、私は、精神障害と発達障害の当事者であり、2014年より北部自立生活センター希輝々（きらら）（沖縄県名護市）で障害者運動を始めた。病床転換型居住系施設反対運動がきっかけである。現在は、ピアカウンセリングやアドボカシー活動、イベント運営などの活動を重点的に行っている。今となっては障害者運動がとても楽しく、生きがいである。

　精神障害になったとき、閉鎖病棟に入院したとき、保護室でただ生きていたとき、そしてデイケアに通所しているとき。人間らしく生きた心地がしなかった。

　でも今は違う。仲間がいる。人間らしく輝いた生活ができていると思っている。

　それがこれからも続くことを心から祈っている。　　　　　　髙原　里緒

コラム⑩

家族が気軽に相談できるように
大阪・寝屋川事件の痛恨の経験に学ぶ

　2017年12月に大阪府寝屋川市で両親による障害のある娘・愛里さんへの監禁致死事件が発覚した。その大阪地裁判決が2020年3月12日に下った。私は、裁判を何度か傍聴した。

　小学6年生の3学期から自分の部屋に閉じこもり、以来中学には一度も行けず、16歳で精神科クリニックを受診したときには、手足が不自然な形で固まっていた愛里さん。3回の面談を経て、「緊張型の統合失調症の疑いがあり、ゆっくりと入院して治療をしたほうがよい」との診断で、大阪市立総合医療センターの思春期病棟を紹介された。16歳〜17歳にかけて3回、その病院の医師の診察を受けている。はじめに病棟を見学したが「自立した生活を送れる児童が入っているので、うちでは入院できない。あなたは精神科単科病院に入院したほうがよい」と伝えたという医師と、聞いていないという家族の平行線上のやりとりだった。その後、親だけが通院し薬を代わりに受け取っていた。「その際、娘の様子はビデオにとって見せていた」という親、ビデオは見ていないという医師。どういうコミュニケーションをしていたのか、カルテは傍聴席からは分からない。21歳ごろからは親も病院に行かなくなり、31歳の時「今後どうしていったらよいか」と親が相談に行き、医師は「本人を連れてきてほしい。行政や福祉施設に相談してはどうか」と伝えたというが、両親はそのままにした。

　そして、夫婦で相談したうえで、次の年から冬の暖房機の上限温度を前年より5度さげて10度に設定したという。病棟でも暖房の設定温度は21度である。ましてやプレハブ小屋の10度は寒風が吹いた夜はことに冷えただろう。家族が眠る前に夜11時半頃1日1食の食事の差し入れをしたという。「低体温症で死亡」と鑑定医師は述べている。

　身長145cm、体重19kg。背骨は浮き上がり、脂肪はほぼない状態にな

り、それでも内科や精神科の医者の往診を頼まず、33歳で凍死するに
まかせていたことは非難に値する。親は「生死の危険性を認識してい
なかった。だから罪は軽い」と主張したが、それは通らなかった。「少
なくとも22歳から33歳まで医療につなげず、身体の安全を確保するた
めの手だてをとらず、人間としての尊厳を否定する仕打ちをしている」
と裁判官は締めくくった。

　母親の姉への手紙には「生まれてきたときからかわいくない。顔が
父親に似ている」など、子どもの責任にされてもどうしようもない
「愛せない」悩みをつづっていた。こうした関係にあったことは愛里
さん自身は幼心に気づいていただろう。小学校時代4回の引っ越しが
あり、友人もできにくかったろう。でも小学6年生の友達2人が証言
台に立った。「家に友人を連れていくと叱られる」と友人の親に話した
ことについて母親は「愛里は嘘つきだから」と答えて逃げた。愛里さ
んが当時書いた感想文には、友人が大勢できていたこと、好きな本が
あって生き生きとした気持ちが表されていた。この数カ月後から自室
にひきこもっていくとは、誰も想像できなかったようだ。

　一方、両親が証拠物として提出したビデオのなかで、「お父ちゃん、
『吾輩（は猫である)』読みたい」と小屋の中に差し入れを要求していた
が、父親は「そんなこと言うな」と去っていった。また、「おとーちゃ
ん、おとーちゃん」と十数回呼ぶ弱々しい声が一度あったが、返事は
なかった。「あいり、ばけものになるー」とうめく声も入っており、胸
が締め付けられた。その後のビデオは静かなもので言葉かけはなされ
ていない。

　中学生のころから自動的に録画し、家に帰ってきたら、ビデオを見
て様子を確認していたそうだ。亡くなる33歳までの録画を編集して提
出している。こうした距離を置いた親の態度に愛里さんは打ちのめさ
れていったのだろう。そんな苦しみを感じとったようすは、両親の説
明からは聞かれなかった。

　家で飼っていた2匹の大型犬は自由に庭を歩きまわり子どもにかみ
ついたりしたが、愛里さんの「亀の飼育ノート」の中に、「水差入れ、

えさ差入れ」とメモられており胸がつまった。愛里さんと両親がこうした関係にあることを母親の親族は知っていた。実の妹もその彼氏も、そのビデオを見て知っていたという。誰もが愛里さんを無視した。「本人の望むように狭い所に入れて、服を着たがらないから与えなかった。本人の望むようにとの医者の言葉に従った」という両親。

　愛里さんが自分たちとおなじように食事をし、風呂に入って清潔にして眠ることを大事なことと考えていた節は見られなかった。10年間風呂には入れていないという。なぜこういう関係になったかを母親は悩み、幼稚園・小学校時代に児童相談所へ行ったという。母親が感情的に対応している自分の姿を反省しているメモ類はある。

　医師から緊張型の統合失調症の疑いと告げられて以降は、距離をおいて関わるような暮らしとなっている。

　この家庭環境では、改善していく救いの光が見えてこない。親が「退行」などと医学用語で娘との生活上の苦悩を語っていては埒があかないと私は思った。もっと自分の言葉でどう悩んだのかを話してほしいと感じた。家の近くにあるクリニックに再び両親が電話でもできたらよかったのに……どこか在宅家庭訪問をしているサービスに来てもらおうと思えれば助かったのに、と私は残念で仕方がなかった。

　どうしたら、このような繰り返しを防げるのか。

　私は、「家族も白旗をあげて相談していいんだよ」という文化が醸成できていればと思う。「親だから、死ぬまで身柄を手元に置いて」と意地をはると、このたびの二の舞だ。愛情をもてなかった我が子との関係を、どう育くんでいけばよいのか、地域のなかで解決してともに悩んでいく人たちはいるはずなので、どうつながり、どのように連絡すればよかったのか。

　控訴審が始まってからでもよい。寝屋川市で検証委員会を、無理なら大阪府精神保健福祉審議会の中に、コミュニティソーシャルワーカー（CSW）、精神保健福祉士（PSW）、当事者団体が入って整理をする作業班を立ち上げる必要があるのではないか。第一審判決はその出発点であると思う。

山本　深雪

Q18

大きな事件が起きると、容疑者の精神科への入通院の経歴や病名がなぜ報道されるのですか？

　すべての事件で入通院歴や病名が報道されるわけではありませんが、そうした報道がもたらす影響は、たしかに深刻です。

　2001年6月の大阪教育大附属池田小学校事件、2016年7月の相模原障害者施設殺傷事件では、以前の措置入院歴や診断名が大きく報道されました。2019年6月に大阪府吹田市で起きた警官襲撃拳銃強奪事件でも、精神障害者手帳の取得や障害者雇用枠での就労が一部で報道されました。

　そういった報道を当事者が見聞きして、「自分も事件を起こすのだろうか」「世間から白い目で見られるかも」といった不安が高まり、病状が悪化した、外出できなくなった、自ら命を絶ってしまった、といったケースが報告されています。

　また、そうした報道は、精神障害者について危険な存在というイメージを広げます。

　その結果、勤務先を解雇される、地域に居づらくなる、福祉の事業所や施設が運営しにくくなる、住まいや仕事を見つけにくくなるといった事態も起きています。事件と関係のない数多くの当事者や家族が、とばっちりで不利益を受けるのです。

　そして、偏見や差別の拡大は、必要な精神科医療の受診を妨げます。障害年金、生活保護、障害者手帳、障害福祉サービスといった制度を容疑者が利用していたと報道されると、当事者や家族は、それらの利用を避けがちになります。よけいに生活しづらくなり、症状が悪化するかもしれません。

　さらに、精神障害者は危ない、閉じ込めておけといった雰囲気が社会に広がると、その方向の政策や法律につながることもあります。

日本では1964年のライシャワー駐日米大使刺傷事件を受けて、精神障害者の病院収容政策が強められました。池田小事件の後には、心神喪失者等医療観察法がつくられました。

精神障害者の犯罪率は低い

実際には、精神障害者が刑事事件を起こす率は、一般の人に比べて低いものです。

令和元年版「犯罪白書」によると、2018年の刑法犯検挙者数は20万6,094人で、これを14歳以上の総人口で割ると0.16％になります。

一方、刑法犯検挙者のうち、精神障害者またはその疑いがあると警察が判断したのは2,695人で、これを2017年の厚生労働省「患者調査」にもとづく精神障害者数（精神障害による受診患者数）で割ると、0.06％にとどまります。

また、犯罪率がどうであれ、大多数の精神障害者は、事件と関係ありません。何らかのカテゴリーに属する人たちについて、危険な存在という印象を与えることは、偏見・差別にあたります（たとえば外国人についても同じ）。

一方、入通院歴や病名の報道は、真実を追求して伝えるという報道の使命から考えても、問題をはらんでいます。

容疑者が過去、精神科に入通院し、何らかの病名を付けられたことがあったとしても、その病名が真実とは限りません。精神科では医師によって診断が食い違うことは珍しくなく、本格的な精神鑑定でも結論はしばしば異なります。また、実際に精神障害があった場合でも、それが犯行の原因かどうかは別問題です。

池田小事件の教訓

池田小事件では、犯人が以前に統合失調症（当時の呼称は精神分裂病）の診断で措置入院になっていたことが報道されました。彼は別の事件で捕まったとき、刑罰を逃れるために精神病を装ったのです。裁判に出廷した医師たちは、保険請求のための病名を付けたり、前

の医療機関の付けた病名をそのまま使ったりしたと証言しました。裁判所は、精神病ではなかったと認定し、確定しました。

事件報道でメディアは、犯行に関係があるかもしれないことを取材で知ると、とりあえず、外形的な「事実」として伝えることがよくあります。ニュースは、記者の主観を交えずに伝える「客観報道」が基本です。そこで、原因であるかないかといった説明は付けずに、「通院していた」といった事実だけを書くわけです。

しかし、その時点では、本当に犯行と関係があるかどうかはわかりません。

後になって、医師の診断が不適切だった、あるいは犯行とは関係がなかったとわかったら、その事実は「真実」に近づく材料ではなかったわけで、結果的に誤報になってしまいます。間違ったことや関係のないことを伝えて否定的な影響を及ぼしたことになるのです。

それなら、後から正しい情報を伝えて修正したらどうか。そういう報道もあります。けれども、いったん社会に広がった印象はなかなか変わりません。初期報道の影響、とりわけ見出しの影響が圧倒的に大きいのです。

事件報道はどう変わってきたか

メディアの側も問題意識がまったくないわけではありません。少し歴史をたどりましょう。

1970年代の新聞記事を見ると仰天します。「精神病者　校庭で荒れ狂う」「野放しの精神障害者　潜在する恐怖」といった見出しが躍っています（記者は主観的には、社会を防衛しようという正義感で書いていたのでしょう）。

1981年の国際障害者年などを経て、そうした差別的報道は見かけなくなりますが、昭和の時期の事件報道では、逮捕された人は実名に加えて呼び捨てでした。「容疑者」の呼称を付けるようになったのは、1989年以降です。

ただし、刑事責任を問えない可能性が高いときは匿名にします。

その理由を説明するような感覚で、小さな事件でも慣例のように精神科の入通院歴を添えていました。

池田小事件で、そういう報道に対する批判が高まりました。さらに2004年6月に長崎県佐世保市で起きた小学生による同級生殺害事件で、加害者の障害名のスクープ合戦が問題になりました。これをきっかけに、入通院歴や病名について慎重に扱うことを社内指針に盛り込む社が増えていきました。

2009年5月からは裁判員裁判が始まり、容疑者の人物像や事件の性質に予断を与える報道をしないことが求められました。

近年は、入通院歴や病名にふれない報道、ぼやかす報道がそれなりに行われています。昔と違って、事件のたびに精神科の入通院歴が添えられるという状況は変わってきたのです。

でもなぜ、完全になくならないのか。

ひとつは、社内指針が個々の記者に徹底されておらず、デスクや幹部もきちんと吟味せずに、原稿を通してしまうケースです。

もうひとつは、特大クラスの事件です。報道各社は、知りえた事実を詳しく伝えようとする。とりわけ特異な事件では、動機や背景を急いで探ろうとする。その過程で精神科の治療歴がわかると、これだけの大事件だから例外扱いで報道しようと判断するのです。

報道機関に求めたいこと

では、どうするべきか。報道機関への要望を4点、挙げます。

第1に、精神障害に言及する事件報道がどういう否定的影響をもたらすか、報道各社の幹部や記者がしっかり認識しておくこと。

第2に、入通院歴、病名、服薬歴、福祉の利用などは、犯行との関係が明確になっていない段階、とりわけ事件発生から間もない段階では、事実をつかんでも我慢して報道を控えること。

第3に、もし精神障害が犯行につながっていた場合でも、病気・障害のせいで片付けず、多角的に背景を取材して、社会的な課題や教訓を掘り下げること。

　第4に、偏見・差別をなくす努力と工夫をすること。たとえば、地域生活を営む精神障害者が多数いることを、意識的に付け加える。

　報道に法規制をするわけにはいきません。言論の自由、報道の自由は民主主義の基盤です。改善するには、テレビや新聞、ネットを見て嘆くだけでなく、報道各社に直接、電話やメールで意見を伝えるのが効果的です。メディア側の実情を知り、よりよい報道を共に探るため、意見交換の場をもつことも必要でしょう。

参考
厚生労働科学分担研究班「精神保健医療福祉ガイドブック　当事者の積極的参加に向けたマスメディアによる支援のために」2008
http://www.zmhwc.jp/pdf/report/2008guidebook.pdf

原　昌平

Q19

精神障害のある人が犯罪を起こした場合、特別な法律があると聞きますが、どのような内容なのでしょうか？

さまざまな問題を抱える医療観察法

　幻覚や妄想などのために善悪の判断ができず、統制のとれた行動ができない状態（心神喪失あるいはそれに近い心神耗弱の状態）に陥ることがあります。そのような状態で重大な事件を起こした場合には、「心神喪失等の状態で重大な他害行為[*1]を行った者の医療及び観察等に関する法律」（以下、医療観察法）によってその人の医療や処遇が行われます。

　この法律は2004年に制定されました。しかしこの法律にはさまざまな問題があり、国会の法案審議でも多くの反対意見が出され、強行採決でようやく法律が成立しました。

　精神障害者は事件を犯しやすく繰り返すことも多いという誤った認識のもと、再犯防止（再び罪を犯さないようにすること）を目的にした特別な制度、いわゆる「保安処分制度」を創設すべきだという意見は以前からありました。しかし、再犯の恐れを誤りなく予測することは誰にもできないので、人権侵害につながる恐れがあるということで、この制度の導入は長い間見送られてきました。

　しかし2001年に起こった大阪の池田小学校事件が、精神障害者によるものではなかったにもかかわらず、医療観察法制定の引き金になってしまいました。医療観察法は精神障害者を危険視し、保安処分を導入しようとする動きのなかで生まれたのです。

　政府は、医療観察法の入院医療にはたくさんのお金をつぎこみ職員も多く配置しているので、一般の精神医療よりも手厚い理想的な医療が提供できていると主張しますが、実際には次に述べるような

さまざまな問題があります。

審判手続と精神鑑定

　罪を犯しても、もしそれが心神喪失の状態で行われた場合、その行為を罰しない、また、もしそれが心神耗弱の状態で行われた場合、その刑を減軽するとされています（刑法39条）。

　その罪が重大な他害行為である場合には、検察官は先に述べた「医療観察法」に基づいて地方裁判所に申し立てをして、その人をどうするのか審判することになります。

　申し立てを受けた地方裁判所は、審判をするにあたって、まずその人を精神科病院に入院させ、精神鑑定を行います。この鑑定入院期間は２〜３カ月間ですが、その間、精神保健判定医（精神科医）によって、①どのような精神疾患があるのか（疾病性）、②治療でよくなる可能性があるのか（治療反応性）、③社会復帰の妨げになる要因（社会復帰阻害要因）があるのか、この３点が鑑定されます。同時に精神保健参与員（精神保健福祉士など）による生活環境調査が行われます。

　審判は裁判官と精神保健審判員（精神科医）の合議で行われ、事件を起こしたとされる人が、①本当に重大な他害行為をしたのかどうか、②事件当時にその人が心神喪失等の状態にあり責任能力に欠けていたのかどうか、③原因となった精神疾患を治療するために通院あるいは入院医療を行うべきかどうか、この３点が判断されます。

　医療観察法は「これまでと同様な行為を行うことなく」社会復帰させることを目的としています。しかしこれまでと同じ事件を起こすかどうかを予測することは実際には困難ですので、どうしても予防拘禁的な方向での入院命令の決定が多くなります。

入院処遇とその問題点

　これまで審判の対象となった人の約67％が入院命令を受けています。その人たちは国が指定した入院医療機関（医療観察法病棟）に

送られます。この専門病棟は国または都道府県などが運営する精神科病院の一角に併設されていますが、2020年の時点で全国に33施設（総病床数833床）あります。

　なお、北海道で建設中の医療観察法病棟は刑務所と同じ敷地に建てられます。この法律がもつ保安の側面があらわになり、精神障害者への偏見が強まることが心配です。

　この病棟には多くの専門職が配置され、多職種チームでの医療が行われます。ここでは急性期、回復期、社会復帰期と段階的に入院治療が進められます。

　その間、薬物療法、精神療法、作業療法など一般精神医療で行われている治療に加えて、「暴力等の問題行動に焦点を当てた社会生活技能訓練」や「怒りのマネジメント等の暴力の自制能力向上のための精神療法」が行われます。この行動変容を強いるチーム医療は、一時的に効果があるかのようにみえても、患者を追いつめるだけで、深い信頼関係を築くことができません。単独での外出や外泊は許されず、かならず複数の職員が付き添わなければなりません。また、病状が改善し主治医が退院させたいと思っても、地方裁判所の審判をあおがなければ退院できません。このように法律にしばられた固い仕組みの医療が特徴的です。

　ここでの入院期間は最初1年6カ月くらいといわれていたのですが、実際には平均2年6カ月くらいの長期入院になっています。入院期間の上限が定められているわけではないので、再び同じような事件を起こす可能性があると見なされると延々と入院させられることもあります。

通院処遇とその問題点

　医療観察法では入院命令とは別に通院命令の規定が設けられています。審判で入院ではなく最初から通院命令を受ける場合と医療観察法病棟を退院した後に引き続き通院を命ぜられる場合があります。いずれの場合も全国各地にある国が指定する通院医療機関のうち居

住先に近い医療機関に通院するように命じられます。通院期間は3年以内が原則ですが、5年間まで延長されることもあります。この期間中は保護観察所の社会復帰調整官（精神保健福祉士）が中心となってつくる処遇実施計画に従って生活することになります。勝手に転居したり、旅行したりはできません。通い慣れた顔なじみの医療機関に通いたくても転院は許されません。通院を怠ったりして病状が悪化すると、再度入院命令を受ける可能性もあります。このような強制通院制度は医療観察法独自のものです。

精神医療全体への影響

この法律は「再び同様な行為を行うことなく社会復帰」できるかどうか、つまり再犯防止に力点が置かれたものです。そのため治療の枠組みは固く、患者と治療者の信頼関係をなかなか築けません。退院後も強制通院制度のなかで観察されつづけ、患者の自信と自然の回復力を削ぐ結果になりがちです。

法制定の国会審議の際、法律提案者は、医療観察法の医療を一般の精神医療に普及させたいと述べました。しかし、観察・監視をともなう保安重視の医療が精神医療全般に普及することは望ましいことではありません。そうではなく、その人の人権を尊重した柔らかい精神医療が求められるのです。

医療観察法ができてから精神医療全体はどう変わったでしょうか。残念ながら世界一多い日本の精神科病床数はほとんど減っていません。そして措置入院や医療保護入院など強制入院が増えました。隔離や拘束も増えました。

医療観察法制定後、私たちにはさらに大きな課題が残されています。

＊1　この法律では重大な他害行為を「殺人、放火、強盗、強制性交等、強制わいせつ、傷害」の6種類に定めています。したがって、たとえば脅迫や窃盗などを犯した場合は、地方裁判所に申し立てられることはなく、精神保健福祉法に基づいた医療を受けることになります。

＊2　日本では精神鑑定医の資格制度はなく、鑑定医の診断にはばらつきがあります。鑑定に基づいた審判の結果、場合によっては入院させるべきでない人に入院命令が下されることもあり得ます。鑑定入院は一般の精神科病院で行われますが、もしも事件が心神喪失状態で行われた場合、事件直後の治療上一番大切な急性期治療に適切に対応できない病院に収容されてしまう場合もあり得ます。

参考図書
日本弁護士連合会刑事法制委員会『Ｑ＆Ａ心神喪失者等医療観察法解説 第２版補訂版』三省堂 2020

伊藤 哲寛

Q20

成年後見制度とはどのような制度ですか？
障害者権利条約からみて
何か問題はありますか？

　成年後見制度は、それまでの禁治産制度や準禁治産制度に代わって2000年に導入されました。高齢者などで認知症のある方や知的障害者など精神上の障害により判断能力が十分でない人の代わりに、家庭裁判所から「後見人」や「保佐人」、「補助人」に任命された人が、財産の管理などの法律行為を行う制度です。「自己決定の尊重」、「残存能力の活用」、「ノーマライゼーション（障害のある人でもない人と同じ生活環境で同じような活動機会と権利が与えられる社会であり、ともに生活できる社会をめざすべきという考え方）」という理念が掲げられており、判断能力が十分ではない人の権利擁護のための制度とされています。しかし、本当に「判断能力がない」とされる人の権利は守られているのでしょうか。制度の内容について利点から問題点まで順番にみてみましょう。

成年後見制度とは？

　成年後見制度には「法定後見」「任意後見」があります。ここでは法定後見を扱います。法定後見には「後見類型」「保佐類型」「補助類型」という三つの類型があります。
●後見類型：判断能力が常に欠けている状態にある人に「後見人」をつけます。後見人を付けた人は「被後見人」といいます。後見人は婚姻などの法律行為以外の法律行為を代理で行ったり、本人の法律行為を取り消したりすることができます。
●保佐類型：判断能力が著しく不足している人に「保佐人」をつけます。保佐人を付けた人は「被保佐人」といいます。保佐人は民法13条1項の法律行為や家庭裁判所が定めた法律行為について、同意

権と取消権が与えられます。

●補助類型：判断能力が不足している人に対して「補助人」をつけます。補助人を付けた人は「被補助人」といいます。被補助人が望む特定の法律行為にのみ同意権が与えられます。

　後見人などは、本人や配偶者、四親等内の親族、検察官、市町村長などの請求によって家庭裁判所が審議判断して選任します。ちなみにほかの国の後見制度と比べて日本の成年後見人は代理決定や取り消しができる法律行為の範囲がとても広いのが特徴で、任期も自分でやめるか家庭裁判所が解任しないかぎり続きます。また、利用者は、後見人には毎月2万円から多い場合には9万円の報酬を支払います。

　厚生労働省の「成年後見制度の現状」（2020年6月）によると、成年後見制度の各事件類型における利用者数は増えています。2019年12月末日時点の利用者数については、成年後見の割合が約76.6％、保佐の割合が約17.4％、補助の割合が約4.9％となっており、この制度の利用者の94％が成年後見類型と保佐類型を利用しています。

実生活からみた利点と問題点

　利点として考えられることは何でしょうか。重い認知症や精神障害、知的障害があると必要もないものを高額で買ってしまう、あるいは、同居する家族に勝手に年金を使われてしまう、ということがあります。このように自分自身で年金や財産の管理ができないけれど周りに信用できる人がいないという人は、後見制度を使って自分の財産の管理をすることが考えられます。重い精神障害や知的障害のある子どもをもつ保護者が、子どもの年金や財産を守って生活をさせていくためにという理由での制度利用も考えられるでしょう。政府は成年後見制度を利用しやすいように成年後見利用促進法をつくり、制度利用を推奨しています。

　しかし、自己決定を尊重し権利を守るためにつくられたとされる制度の根幹を揺るがす問題もたくさん起きています。

　まず、後見人などによる不正報告件数・被害額ですが、2014年は831件（うち専門職によるもの22件）・56億7000万円でした。以降減少傾向にはあるものの、2015年／521（同37）件・29億7000万円、2016年／502（同30）件・26億円です（出典：内閣府「成年後見制度の利用の促進に関する施策の実施の状況」平成23年〜平成28年）。

　たとえば横領事件では、高齢男性の成年後見人を務めていた弁護士が男性が亡くなった際に残した預金4000万円余りを着服したとして逮捕された事件（2020年、大阪）や、成年後見人をしていた司法書士が成年被後見人の預金口座から現金を着服したとして業務上横領の疑いで逮捕された事件（2019年、川崎）、成年後見人として管理していた母親の預金口座から現金1億5000万円あまりを着服したとして49歳の息子が逮捕された事件（2018年、名古屋）などが報道されました。

　さらに、被後見人などの自己決定権が侵害されている例が多くみられます。東京のある障害者自立生活センターで最近取り組んだ相談事例で、50歳代後半の脳性まひの男性が40年以上に及ぶ施設生活を終え、出身地近くで一人暮らしを始めようと決心したが成年後見人であった実弟が最後まで拒み続け、弁護士を立て裁判の末にようやく後見人を外し自立生活を実現した事例や、ある知的障害のある人が姉が後見人になってから入所施設から出られずに持ち家をとられた事例が、日本障害フォーラム（JDF）が2019年5月、障害者権利委員会に提出した事前質問事項用パラレルレポート作成の際に寄せられています（同レポート41頁）。

　こうしてみると、制度導入の目的や理念とは真逆の事態が起こっているといえるでしょう。理由として考えられるのは、広範囲の法律行為において当事者に代わって決定が可能となる大きな権限を与える制度であること（特に成年後見類型と保佐類型）、制度の利用者の94％が後見類型と保佐類型を利用しており、大きな権限をもつ後見人や保佐人に対する家庭裁判所や（後見などの）監督人制度がチェック機能を果たしていないこと、裁判所による解任等以外は選

任の期間が制限されていないこと等々、さまざまな要素が関係していると思われます。

障害者権利条約からみた成年後見制度

では権利条約からみた成年後見制度について考えたいと思います。成年後見制度に関する条文は第12条「法律の前にひとしく認められる権利」です。内容は以下、簡単に紹介します。

第1項では、障害者が全ての場所において法律の前に人として認められる権利を有すること、第2項では、障害者があらゆる生活の場面で障害のない人と平等に法的能力を有すること、第3項では、障害者の法的能力を行使する際には必要な支援を提供すること、第4項では、法的能力の行使に関連する措置について、濫用を防止するための適当かつ効果的な保障を国際人権法に従って定めること、こうした措置は、障害者の権利や意思及び選好を尊重すること、不当な影響を及ぼさないこと、可能なかぎり短い期間に適用されることや独立した公平な機関による定期的な審査の対象となること、としています。

この条文の解釈が大切になりますが、条約を解釈する権限は締約国の政府にあり、12条の解釈についてもさまざまな解釈がなされています。第2項や第3項の「法的能力」には、出生したすべての人にあるとされる「権利能力」だけではなく、法律行為を行う能力である「行為能力」を含むのかが問題になります。これは判断する能力が不足している人＝法律行為が制限される人、という考え方のもとになっている重要な論点です。また、第4項の「法的能力の行使に関連するすべての措置」に代替決定の措置が含まれるかなどが大きな問題となります。

さて、どう考えればいいのでしょうか。

まず、権利条約は障害者を「慈恵や治療の対象」から「障害のない人と平等な権利の主体」へパラダイムシフト（価値観の転換）するためにつくられた条約です。固有の尊厳や自律（自ら選択する自

由を含む）、個人の自立、無差別といった第３条の原則が条約の指導原理とされています。権利条約のこうした理念や原則に基づいて解釈がなされるべきでしょう。

　また、解釈における重要な文章として障害者権利委員会が作成した「一般的意見第１号」があります。これは、国連の人権条約において、その人権条約体（監視機関）が作成するいわば当該条約の解釈のためのガイドラインです。法的な拘束力はないとされていますが、人権の発展に大きな影響を与えるもので尊重されるべき重要な文章とされています。内容を簡単に整理すると、①第12条の法的能力（legal capacity）には権利能力と行為能力の両方が含まれる（第２項関連）、②法的能力と意思決定能力は異なる概念であり、意思決定能力が不足していると認識されたり、実際の意思決定能力の不足が法的能力の否定を正当化するものとして利用されたりしてはならない（第２条関連）、③法的能力は障害のある人を含むすべての人に与えられる固有の権利である、④締約国には法的能力の行使に必要な支援へのアクセスを可能とする義務があり、法的能力の支援の行使においては障害のある人の権利、意思及び選好を尊重し、代理人による意思決定を行うことになってはならない（第３項関連）、⑤法的能力行使の支援のための保護措置については、個人の権利、意思及び選好の尊重を確保し、他の者との平等を基礎として、濫用からの保護が必要（第４条関連）である、⑥著しい努力にもかかわらず個人の意思と選好を決定することが困難な場合は「意思と選好の最善の解釈」を、といわれています。

　まず、「法的能力」の解釈ですが、日本政府は権利条約第12条の法的能力には「行為能力」は含まないと主張しています。しかし、先に批准した女性（女子）差別撤廃条約では同条約上の「法的能力」には「行為能力」も含むといっていますので同じように解釈すべきです。もちろん一般的意見第１号でも行為能力は法的能力に含まれると解釈しています。

　また、第４項の問題については、一般的意見第１号の内容を踏ま

えれば代替意思決定禁止説となりますが、一方で代替決定は一定程度許されるという許容説もあります。条約の策定過程での議論など検討すべき課題は多くありますが、第12条第3項での最善の利益から本人の意思選好の重視へという条文や前述の原則や理念などを踏まえると、「原則として代替意思決定は禁止」と解釈すべきだと思います。

権利条約にふさわしい意思決定支援の仕組みを

　成年後見制度は、制度の目的に十分にこたえることができない制度であり、権利条約のめざす社会にも合致しない制度ともいえるでしょう。では、これからどうすべきなのでしょうか？　代替決定の仕組みである成年後見制度は将来的にはなくすべきだと思います。それまでは、成年後見・保佐類型の利用を厳格化し、補助類型を主体とした制度運用に変えること、監督人や家庭裁判所のチェック機能を強化すること、などが考えられます。そして、今でも重度の知的障害や精神障害のある方を支える活動として、当事者を中心にさまざまな人が連携しつつ場面場面で支援してその方の意思や選好を共有し解釈しながら自立した生活を支えている例がすでに多くみられます。そうした国内の実践や海外の取り組みなどを参考にしながら、権利条約の時代にふさわしい自己決定支援、意思決定支援の仕組みを、知恵を絞り考えるべきでしょう。

参考図書
崔栄繁「自立生活」長瀬修・東俊裕・川島聡編『増補改訂 障害者の権利条約と日本—概要と展望』p.203 生活書院 2012
障害者権利委員会　一般的意見第1号（2014年）第12条：法律の前における平等な承認（仮訳：日本障害者リハビリテーション協会）
https://www.dinf.ne.jp/doc/japanese/rights/rightafter/crpd_gc1_2014_article12_0519.html

崔 栄繁

Q21

障害者権利条約からみた
社会的入院・地域移行の課題は
どのようなものですか？
障害者権利条約 第19条の二つの権利と社会的入院問題

障害者権利条約に反する社会的入院

　障害者権利条約（以下、権利条約）は「保護の客体から権利の主体へ」「医学モデルから社会モデルへ」といった大きな転換（パラダイムシフト）を求めています。権利条約策定のための国連特別委員会の議長として権利条約案をまとめたドン・マッケイ氏は、第19条について「権利条約が求めるパラダイムシフトの基礎となる条項」と言っています。

　第19条のタイトルは「自立した生活及び地域社会への包容（インクルージョン）」です。つまり、「地域での自立した生活」と「地域社会に包容される権利」に関する条文です。

　第19条では、「すべての障害者が他の者と平等の選択の機会をもって地域社会で生活する平等の権利を有する」とし、締約国に「この権利（＝地域社会で生活する権利）を完全に享受し、並びに地域社会に完全に包容され、及び参加することを容易にするための効果的かつ適当な措置」を求めています。

　さらに、「(a) 障害者が、他の者との平等を基礎として、居住地を選択し、及びどこで誰と生活するかを選択する機会を有すること並びに特定の生活施設で生活する義務を負わないこと」としています。公定訳では「特定の生活施設」と訳されていますが、原文の意は「特定の生活様式」なので、障害者入所施設だけでなく精神科病院での社会的入院なども含まれていることを押さえておくことが大切です。つまり、社会的入院は、権利条約に反する事態なのです。

　そして、続く（b）では、地域生活のために必要な在宅サービス、居住サービスその他の地域社会支援サービス（個別の支援を含む。）の利用、（c）では一般住民向けの地域社会サービス及び施設の利用について記されています。

　このように、権利条約を批准した国には社会的入院を解消しどんな障害があっても地域で暮らせるようにしていくことが求められているのです。

インパクトある国連勧告に向けたパラレルレポート

　国連は各国の権利条約の実施状況について定期的に審査し勧告を出します。コロナ禍の影響で時期は流動的ですが、日本政府の審査が迫っています。日本の現状を変革する引き金になるような勧告が出されるように、全国的な障害者団体のネットワークであるJDF（日本障害フォーラム）は市民社会の立場からパラレルレポートを作成し、国連に提出しています。そのなかで、本稿に大きく関わる部分を抜粋して紹介します。

●日本の精神科病床平均在院日数は平均250.5日と一般病床在院平均日数の平均15.6日と比較して長期に及んでいる。また、在院期間別の患者数をみると、１年以上入院している患者が約60％で、10年以上の入院患者は約20％にのぼる。

●日本には精神科病床が約35万床あり、全病床125万床中の25％を占める。精神医療は、入院中心であり、入院も長期化する傾向にある。精神科病院のうち、約７割が私立の精神科病院であり、私立病院の経営が優先され精神障害者の権利回復に向けた抜本的な見直しが後回しにされてきた。2004年に精神保健医療福祉改革ビジョンが策定され、受け皿があれば退院可能である社会的入院患者が約72,000人おり、10年でその解消が目指された。しかし、10年で２万人にも満たない数しか地域移行が進まず、ビジョンが未達成であり原因の検証が不徹底である。また、その後の社会的入院解消に向けた明確な目標が不在である。

入院中心の精神医療のもと、病床数の多さ、入院の長期化を指摘したうえで、地域移行が進まず社会的入院の状態を強いられている精神障害者が多数いることの問題を指摘しています。

さらに、今後の国連審査に向けた第二弾のパラレルレポートでは、以下のような内容を勧告に盛り込むよう提案しています。

- 委員会は締約国に対し、社会的入院を解消し、精神科病院に入院しているすべての精神障害者が地域で暮らすことができるよう、予算や資源の配分について医療偏重から地域福祉サービスへの充実に転換し、病床削減を含めた効果的な地域移行・地域定着の戦略を立案し実施することを勧告する（以下、略）。
- 委員会は締約国に対し、認知症のある人を含む精神障害者の強制入院の制度の廃止と、施設入所や精神科病院への入院の際に本人の意思がどれくらい尊重されているのかに関して、当事者からの聞き取りによる実態調査を行うことを勧告する。

社会的入院解消・脱施設化に向けた大きな転換を

2000年代初頭には、「施設から地域の流れができて脱施設が進むのではないか」といった期待が持たれた時期がありました。2003年からの障害者基本計画で「入所施設は真に必要なものに限る」とされ、「改革派知事」による「施設解体宣言」「脱施設宣言」などが相次ぎ、マスコミでも大きく取り上げられました。精神医療の分野では、大阪で、大和川病院事件の反省に基づき「入院中の精神障害者の権利に関する宣言」が決議されるとともに、全国に先駆けて退院促進事業が始まりました。国においては「72,000人は社会的入院者」とされて、退院促進や病床削減の動きが多少は進んでいくのではないかとの期待感がありました。

しかし、その後、社会的入院の解消は一向に進まず、退院促進事業は打ち切られてしまいました。

今後出される国連勧告を社会的入院解消・脱施設化を進めていく大きなきっかけにすることが重要です。

　まず、権利条約に明記されているとおり、「すべての障害者」が地域で生活する権利を持っていることを前提に、地域移行を法定化するとともに国・自治体が責任を持ち「病床削減を含めた効果的な地域移行・地域定着の戦略」を立てて実行することが求められます。

　筆者もそのとりまとめに関わった「障害者総合福祉法の骨格に関する総合福祉部会の提言」（2011年）では、地域移行について「本来は誰もが地域で暮らしを営む存在であり、障害者が一生を施設や病院で過ごすことは普通ではない。入院・入所者が住みたいところを選ぶ、自分の暮らしを展開するなど、障害者本人の意思や希望、選択が尊重される支援の仕組みと選択肢を作ることが早急に求められる」としています。

　さらに、骨格提言では、地域生活のための支援が得られるよう地域基盤整備10カ年戦略も提案しています。施設や病院からの地域移行とは、「社会的な支援を得た地域生活」であり、親きょうだいの扶養で何とかするということではありません。とくに、日本では民法上は成人になって以降も家族に扶養義務が課されることにくわえ、精神保健福祉法の保護者制度が長年続いてきました（2014年に制度としては廃止）。こうした家族依存の制度は、障害者本人にとっても「どこで誰とどのように暮らすか」の選択を妨げてきました。

　こうした状況にある日本では、社会的入院の解消・脱施設とともに、家族依存の制度からの脱却も車の両輪のように進められていく必要があります。

　また、「地域社会に包容される権利」の実現のためには、入居差別の撤廃はもとより住居に関する支援の展開、啓発プログラムなど、インクルーシブな地域社会づくりも重要な課題です。

　コロナ禍の下、「外出自粛」「社会的距離」といったかたちで、ある種の社会的隔離を余儀なくされ、その苦しさが全市民的に共有された今だからこそ、障害を理由にした隔離からの解放をテーマとした本稿の内容が一刻も早く実現することを心より願います。

尾上 浩二

コラム⓫

障害者権利条約についての
JDFパラレルレポート

　障害のある人の権利推進を目的に2004年に設立された日本障害フォーラム（JDF。DPI日本会議を含む現13団体で構成）は、2020年夏を目標に、3年をかけて国連障害者権利委員会あてのパラレルレポート2本[*1]を作成しました[*2]。パラレルレポートは、障害者権利条約の締約国が条約各条文の基準で国内の法・施策を自己評価した締約国報告（政府レポート）に並行する形で、障害者団体やNPO等（市民社会団体）から出される報告（レポート）です。

　締約国報告とパラレルレポートは共に、国連障害者権利委員会で行われる締約国審査（建設的対話）に向けて出されています。建設的対話の場では、締約国報告および市民社会団体報告に基づき、障害者権利委員による締約国市民社会団体の意見聴取と質疑応答（ブリーフィング）と締約国政府への質疑応答が行われます。建設的対話を経て、障害者権利委員会から締約国に出される文書「総括所見（評価と勧告）」は、国内施策を国際水準から検証し将来の施策に反映させる重要な武器となり得ます。このため、JDFパラレルレポートは、権利条約の水準から見た現在の国内主要課題を明確にし、解決に向けて施策上改善すべき内容が確実に伝わるように書かれています。

　なお、本書の中心課題である、精神障害のある人に対する強制的入院（拘禁）・非同意医療の問題に関しては、JDFパラレルレポートでは主として14条・15条で以下のように取り上げています。

JDFパラレルレポートの内容（概要）
第14条
○障害を理由とした強制入院や行動制限を可能にする法律（精神保健福祉法）について、廃止に向け見直しを行うこと

○強制入院や行動制限の廃止に向け、ガイドラインおよび計画を定めて実行すること

第15条

○心神喪失等の状態で重大な他害行為をおこなった者への再犯防止を理由に行われる強制治療を課す法律（医療観察法）について、廃止に向け検討を開始すること

○障害のある子どもや人に対して同意なしに行われる投薬や修正型電気けいれん療法（m-ECT）など侵襲的な医療を禁止すること、被害について調査・救済・監視を行うこと

　ぜひ、文末の参考URL（JDF障害者権利条約関連資料）より、パラレルレポート本文をご覧ください。また今後、日本に対して「第1回政府報告に関する障害者権利委員会からの総括所見（評価と勧告）」が障害者権利委員会から出される見込みです（国連公用語版です。なお「総括所見」の日本語訳が以下の外務省サイトに掲載される可能性があります）。

＊1　当初（新型コロナウイルス感染症の拡大以前）は2020年夏に障害者権利条約の日本の締約国審査（建設的対話）が予定されていました。

＊2　2019年9月の「事前質問事項用パラレルレポート」と2020年8月（当初の予定）の「総括所見用パラレルレポート」。

参考資料
障害者の権利に関する条約（外務省訳）
https://www.mofa.go.jp/mofaj/gaiko/jinken/index_shogaisha.html
JDFパラレルレポート（日本障害フォーラム〈JDF〉障害者権利条約関連資料）
https://www.normanet.ne.jp/~jdf/data.html#page_top2

　　　　　　　　　　　　　　　　　　　　　　　　　　　　　　浜島 恭子

Q22

精神科ユーザーまたは精神障害のある人にとって
人権が保障される社会とは
どのような社会ですか？

　日本国憲法や世界人権宣言、自由権規約、社会権規約、そして障害者権利条約（以下「権利条約」といいます）などの人権章典が保障する人権は、障害の有無にかかわらず、すべての人に平等に保障されていますが、1945年以降、人権については４つの重要な発展がありました。

重要な発展①
人間の尊厳の発見

　第一は、人間の尊厳の発見です。これは人という存在あるいは人の命を差別なしに無前提に人間社会の根本的な価値にするということです。人間の尊厳の発見は、二度にわたる世界大戦による人間同士の大量殺戮や強制収容所におけるホロコースト、人体実験が人間社会や人類そのものの滅亡をもたらすという歴史的経験から学んだことによっています。そして、この経験と規範は障害のある人を施設や精神科病院に閉じ込めることが、その人たちの尊厳を奪うことを明らかにします。また、隔離収容を維持し多様性に不寛容な社会は次第にむしばまれ、内部崩壊への途を歩むことも警告しています。

重要な発展②
人権の享有主体の個別化

　第二は、人権の享有主体の個別化への発展です。1960年ころまでは人権の享有主体を普遍的で抽象的な「人」として定めていました。しかし、そうした定め方では実際には社会の主流にいる人の人権しか守れないことが認識され、人種や性別、障害などによって差別され社会的に排除される人たちが他の人々と平等な人権の享有主体であることをあらためて保障する各種の人権条約が発展してきました。

権利条約は、その流れの一番新しい人権章典です。

重要な発展③
自己決定権、平等権の保障へ

　第三は、精神障害のある人の人権の重点が身体の自由と社会権の保障から自己決定権の保障へ、そして、平等権の保障へと進展してきたことです。鍵と鉄格子のある閉鎖病棟に入院させられることは、「治療」のためと称され、物理的に監禁されることですから、身体の自由が奪われることが問題になると、まずは考えられました。保護室への隔離や身体拘束は、さらに深刻な身体的自由の剥奪になります。もっとも、日本国憲法も自由権規約も精神科の強制入院や隔離拘束を想定して定めてはいなかったので、最初は、これらの人権章典の刑事手続きに関する規定（自由権規約9条、憲法31条）を精神科の強制入院にも適用して精神障害のある人の人権を守ることが考えられました。また、心身にダメージを与える入院や治療は拷問にも匹敵するとして、拷問禁止の規定を適用（拷問等禁止条約、自由権規約7条）することも考えられました。これらの考え方は精神医学の不完全性や精神医療（治療の奏効）の不確実性がもたらす不利益を前提にすると現在でも重要な考え方です。精神医療が患者に利益をもたらすものだという能天気な前提には常に懐疑の目を向けておく必要があります。

　しかし、刑事手続きが罰として自由の剥奪という不利益を課すものであるのに対して、精神医療は利益になるかもしれないし不利益になるかもしれない不確実な両価的構造をもっているので刑事手続きや拷問に関する人権規定をそのまま強制入院などに適用すると身体的自由の保障のために治療の利益を取り逃がしてしまったり、逆に例外を広く認めすぎて身体的自由の保障が骨抜きになってしまうこともありえます。また、人の健康や生活に関して何が利益と考えるかは人によって違うはずですから、こうしたことはもっと別の人権で保障していく必要もあります。それに応じるのが自己決定権の保障です。身体医学に比べて精神医学は未発達ですし、精神医療は

それ以外の医療に比べて不確実性も高いと考えられます。そのため、自分の生活や人生に望むことは何なのか、そのために不確実な未来に向けて、治療の諾否も含めて、どのような治療を選ぶのかを決める権利を保障することは、他の医療以上に精神医療において特に重要です。それにもかかわらず、精神医療では患者は判断能力がないなどとして自己決定が否定されやすい状態に置かれてしまいます。そこで、精神障害のある人の自己決定権を明確に保障することが精神医療では特に重要なことになります。

　また、社会権の保障という点では、障害のある人に対する福祉施策は国の責務として行政機関の措置に基づいて施設入所などが決められてしまい、本人が生活の場や生活のあり方を決めることができる構造になっていませんでした。自己決定権の保障は、こうした福祉制度のあり方とその前提にある社会権の保障のあり方についても転換を求めることになりました。

　しかし、自己決定権の保障も例外がないわけではなく、「病識」や判断能力がないなどとされて健康の維持回復という利益（自分自身の健康の権利）や社会の安全（他の市民の人権）などとの「利益衡量」によって制限される余地があります。医療保護入院や措置入院は、要件の広汎性や手続きの不備に問題があると批判されながらも、そうした論理によって最後の手段としては許されるとされ、実際には多用されています。

　これに対して平等権の保障は、障害のない人たちの価値観に基づく恣意的な天秤で利益衡量するのではなく、他の市民の自由保障や能力判定の現状と精神障害のある人の人権保障の現実という事実を比較することで社会の歪みと差別性を明らかにします。他の市民も自傷他害のおそれがあれば自由を剥奪されるのか、治療を拒否すると病識がないとして強制入院させられるのか、住む場所やお金の使い方を指図されるのか、そうした精神障害のある人たちの声に人権の光を与えたのが平等権からのアプローチです（権利条約12条、14条）。

　もっとも、「健康の権利」（社会権規約12条）に関しても、強制力

や薬物治療に依存してきた従来の精神医療は、むしろ精神障害のある人の健康の権利を損なうものだということも指摘されていますから、健康の維持回復の利益のために強制入院や強制治療が必要だという論理は成り立たなくなっています。

重要な発展④
インクルーシブな社会との関係

　第四は、平等権の保障に国家と個人の関係だけでなくインクルーシブな社会との関係を加えたことです。権利条約は人間社会が本質的に多様性に満ちた社会であり、多様性を尊重することが一人ひとりの人間の尊厳を守り（同条約３条）、同時に人類社会の発展の基礎になると考えています（同条約前文（m））。そのために個人のレベルでは、それぞれの人のインテグリティー（心身がそのままの状態であること）を保障（同条約17条）することが重要であり、社会のレベルではインクルージョン（多様な人々が混在して交流し生活できること）の保障（同条約19条）が必要になります。

　そのため、脱施設化や「地域移行」は、単に、治療の場を病院から地域に移すこと、あるいは、生活の場を施設から地域に移すことではありません。脱施設化の本質は多様性の保障された地域でその人なりの生活と人生を取り戻すということです。さまざまな人が交われる環境のなかで、自分らしい生活と人生を主体的に築くことを保障することが大切なので、特定の障害の人だけが集団で住んでいるような場所やそこでの生活のあり方が運営者側の規則で管理されているような状態では脱施設化が達成されたことにはなりません。共同生活援助や就労継続支援などの福祉サービスは、「他の者と平等の選択の機会をもって地域社会で生活する平等の権利」（権利条約19条）の観点から見定めていく必要があります。また、ACT（包括型地域生活支援プログラム）や措置入院退院後の「支援」などの治療的なかかわりも同様な視点を含めて評定する必要があります。

　権利条約は、医療や障害福祉サービスも障害のある人の平等性と自律性を保障し、その尊厳を保障することを根本目的として提供さ

れることを保障する人権モデルの地平を開いているのです。

おわりに

　健康の権利についての国連の特別報告官（精神科医でもある）は、「神経伝達物質のアンバランスが精神障害の原因であるとする生物医学主義の仮説が、抗精神病薬に治療効果がありそれを強制することは本人の利益になるという信念を支え、薬物療法と強制医療の温床になってきた」と批判しています。生物医学主義は、実際には科学的証拠が乏しいのに疑似科学的な粉飾をした、医学モデル・個人モデルの仮説です。

　これに対して権利条約が要請する精神障害の社会モデルは、精神が人と人の間の関係的な社会性を伴う現象であることを重視します。精神を社会モデルで理解することは、個人を孤立させて際限のない経済競争に駆り立て、優勝劣敗の原則と自己責任を強調する生産至上主義の冷酷な社会に対して、人の関係性と社会性を大切にし、お互いに支えあう人間的な社会の地平を開くべきことを教えています。ですから精神障害のある人々こそが次の時代の新たな地平を教え導く主役になるのです。

参考図書
池原毅和『精神障害法』三省堂 2011

池原　毅和

参考図書

●人権

池原毅和編著『障害者をめぐる法律相談ハンドブック』新日本法規出版 2020

全国自立生活センター協議会（JIL）『教えて！ 当事者4人が語る精神障害一問一答』2020（希望者はJILまで問い合わせ FAX：042-660-7746、メール：office@j-il.jp）

横藤田誠『精神障害と人権─社会のレジリエンスが試される』法律文化社 2020

荒井裕樹『障害者差別を問いなおす』ちくま新書 2020

竹端寛『「当たり前」をひっくり返す─バザーリア・ニィリエ・フレイレが奏でた「革命」』現代書館 2018

原義和編『消された精神障害者 沖縄・台湾・西アフリカ─「私宅監置」の闇を照らす犠牲者の眼差し』高文研 2018

浅野詠子『ルポ 刑期なき収容─医療観察法という社会防衛体制』現代書館 2014

池原毅和『精神障害法』三省堂 2011

●制度、所得保障

鶴幸一郎・藤田孝典・石川久展・高端正幸『福祉は誰のために─ソーシャルワークの未来図』へるす出版 2019

井手英策・柏木一恵・加藤忠相・中島康晴『ソーシャルワーカー─「身近」を革命する人たち』ちくま新書 2019

白石美佐子・中川洋子『あなたの障害年金は診断書で決まる！』中央法規出版 2019

●住まい、地域移行

稲葉剛・森川すいめい・小川芳範編『ハウジングファースト─住まいからはじまる支援の可能性』山吹書店 2018

大熊一夫『精神病院を捨てたイタリア 捨てない日本』岩波書店 2009

「障害者総合福祉法の骨格に関する総合福祉部会の提言」

https://www.mhlw.go.jp/bunya/shougaihoken/sougoufukusi/dl/110905.pdf

●家族、妊娠・出産、子育て、子ども

堀正嗣『子どもの心の声を聴く─子どもアドボカシー入門』岩波ブックレット 2020

横山恵子・蔭山正子・こどもぴあ『静かなる変革者たち─精神障がいのある親に育てられ、成長して支援職に就いた子どもたちの語り』ペンコム 2019

西隈亜紀『心のケアが必要な思春期・青年期のソーシャルワーク』中央法規出版

2014

●医療、薬

生井久美子『ルポ 希望の人びと―ここまできた認知症の当事者発信』朝日選書 2017

メンタルサバイバーチャンネル刊、月崎時央著、増田さやか（精神科医）・不破令（回復当事者）監修『ゆっくり減薬のトリセツ』LAMAPPA企画 2019、 https://lamappa.jp/mscshop/

●DPI日本会議編著

『障害者が街を歩けば差別に当たる?!―当事者がつくる差別解消ガイドライン』現代書館 2017

『知っていますか? 障害者の権利一問一答』解放出版社 2016

『合理的配慮、差別的取扱いとは何か―障害者差別解消法・雇用促進法の使い方』解放出版社 2016

『最初の一歩だ! 改正障害者基本法―地域から変えていこう』解放出版社 2012

『障害者の権利条約でこう変わるQ&A』解放出版社 2007

●大阪精神医療人権センター発行

「扉よひらけ⑧大阪精神科病院事情ありのまま」2020

「一緒に始めよう!! 精神科に入院中の方への面会活動」2019

「活動報告書 精神科病院に入院中の方のための権利擁護の拡充に向けて」2018

大阪精神医療人権センター 32周年記念書籍『「人間の尊厳」から「強制入院」を考える』2018

148

執筆者一覧 （50音順）

芦田 邦子　あしだ くにこ　一般社団法人あじさいネット代表　**Q9**

東 奈央　あずま なお　弁護士　**Q7**

池原 毅和　いけはら よしかず　弁護士　**Q22**

伊藤 哲寛　いとう てつひろ　元北海道立精神保健福祉センター所長　**Q19**

伊藤 時男　いとう ときお　ピアサポーター、文筆家　**Q1**

臼井 久実子　うすい くみこ　障害者欠格条項をなくす会事務局長　**Q11**

大久保 圭策　おおくぼ けいさく　精神科医　**Q13**

岡田 久実子　おかだ くみこ　埼玉県精神障害者家族会連合会会長　**Q17**

尾上 浩二　おのうえ こうじ　DPI日本会議副議長　**Q21**

加藤 真規子　かとう まきこ　特定非営利活動法人こらーるたいとう代表、ひきこもり・不登校・うつの体験者　**Q14**

上坂 紗絵子　こうさか さえこ　大阪精神医療人権センター事務局長　**Q4**

小島 喜久夫　こじま きくお　優生保護法被害訴訟（北海道）原告　**Q16**

崔 栄繁　さい たかのり　DPI日本会議議長補佐　**Q20**

鷺原 由佳　さぎはら ゆか　DPI日本会議　**コラム7**

佐藤 暁子　さとう あきこ　弁護士　**Q16**

佐藤 聡　さとう さとし　DPI日本会議事務局長　**Q14**

陶延 彰　すえのぶ あきら　NPO法人自立生活夢宙センター　**コラム6**

角野 太一　すみの たいち　特定非営利活動法人ハートフル事務局長　**Q8、コラム4**

髙原 里緒　たかはら りお　北部自立生活センター希輝々当事者スタッフ　**コラム9**

竹沢 幸一　たけざわ こういち　八王子精神障害者ピアサポートセンター副代表　**コラム3**

竹端 寛　たけばた ひろし　兵庫県立大学教員　**Q3**

たにぐち まゆ　大阪精神障害者連絡会事務局長、大阪精神医療人権センター理事、DPI日本会議常任委員　**コラム1、Q11**

鶴 幸一郎　つる こういちろう　社会福祉法人フォレスト倶楽部理事長　**Q12**

長谷川 利夫　はせがわ としお　杏林大学保健学部教授　**Q6**

浜島 恭子　はましま きょうこ　DPI日本会議　**コラム11**

原 昌平　はら しょうへい　ジャーナリスト、精神保健福祉士、行政書士　**Q18**

船橋 裕晶　ふなばし ひろあき　自立生活センターリングリング ピアカウンセラー　**コラム8**

細井 大輔　ほそい だいすけ　弁護士　**Q2・7**

本條 義和　ほんじょう よしかず　公益社団法人全国精神保健福祉会連合会 相談役　Q 15

増田 一世　ますだ かずよ　公益社団法人やどかりの里理事長　Q 10

松田 光博　まつだ みつひろ　ピープルファースト京都　コラム 2

八尋 光秀　やひろ みつひで　弁護士　Q 5

山田 悠平　やまだ ゆうへい　精神障害当事者会ポルケ代表　Q 17

山本 深雪　やまもと みゆき　大阪精神障害者連絡会代表　コラム 5・10

渡邉 琢　わたなべ たく　日本自立生活センター事務局員、ピープルファースト京都支援者　コラム 2

渡辺 みちよ　わたなべ みちよ　コーポラティーバまいど　マンガ「私らしく働く権利」

編者

認定NPO法人DPI（障害者インターナショナル）日本会議
障害種別を超えた障害当事者団体としてシンガポールで1981年（国際障害者年）に発足したDisabled Peoples' Internationalの日本の組織として1986年に設立。国連経済社会理事会特別諮問資格をもつ。障害者が他の者と同様に参加できるインクルーシブな社会を目指し、障害者権利条約の国内完全実施に向け、内閣府障害者政策委員会他を通じた政策提言、情報発信等を行う。2013年、障害者差別解消法の成立時にも各方面と協力し力を注いだ。国内加盟93団体（2020年10月現在）。

101-0054 東京都千代田区神田錦町3-11-8 武蔵野ビル5階
電話 03-5282-3730　ファクス 03-5282-0017
メールアドレス office@dpi-japan.org
ウェブサイト http://www.dpi-japan.org
本書編集担当＝鷺原由佳、佐藤聡、浜島恭子（50音順）

認定NPO法人大阪精神医療人権センター
1985年に任意団体として当事者・家族・医療福祉従事者・弁護士の有志が中心となって設立され、1999年に多くの市民がより参加しやすい団体になることを目指してNPO法人化した。
精神医療及び社会生活における精神障害者の人権を擁護する活動を行い、精神障害者に対する社会の理解を促進し、障害の有無にかかわらず誰もが安心して暮らせる社会に一歩でも前進させるべく貢献することを目的とし、次の3つのビジョンに基づいた活動を行っている。
①声をきく──精神科病院に入院中の方のための個別相談（手紙、電話及び面会）
②扉をひらく──精神科病院への訪問活動及び情報公開活動
③社会をかえる──精神医療及び精神保健福祉に係る啓発及び政策提言を実施

530-0047 大阪市北区西天満5-9-5 谷山ビル9F
電話（各種問い合わせ）06-6313-2003　ファクス 06-6313-0058
メールアドレス advocacy@pearl.ocn.ne.jp
ウェブサイト https://www.psy-jinken-osaka.org/
＊入院中の方やご家族の方からの電話相談は、06-6313-0056（電話相談専用）にご連絡ください。
本書編集担当＝上坂紗絵子、たにぐちまゆ、細井大輔（50音順）

精神障害のある人の権利 Q&A

2021年1月30日　初版第1刷発行

編者　認定NPO法人DPI日本会議 ©

　　　認定NPO法人大阪精神医療人権センター ©

発行　株式会社 解放出版社

　　　552-0001 大阪市港区波除4-1-37 HRCビル3階
　　　電話 06-6581-8542　FAX 06-6581-8552
　　　東京事務所
　　　113-0033 文京区本郷1-28-36 鳳明ビル102Ａ
　　　電話 03-5213-4771　FAX 03-5213-4777
　　　郵便振替 00900-4-75417　HP http://www.kaihou-s.com/

装丁　森本良成

本文レイアウト　伊原秀夫

印刷　株式会社 太洋社

ISBN978-4-7592-6125-7　NDC369　149P　21cm
定価はカバーに表示しています。落丁・乱丁はお取り換えします。

障害などの理由で印刷媒体による本書のご利用が困難な方へ

　本書の内容を、点訳データ、音読データ、拡大写本データなどに複製することを認めます。ただし、営利を目的とする場合はこのかぎりではありません。

　また、本書をご購入いただいた方のうち、障害などのために本書を読めない方に、テキストデータを提供いたします。

　ご希望の方は、下記のテキストデータ引換券（コピー不可）を同封し、住所、氏名、メールアドレス、電話番号をご記入のうえ、下記までお申し込みください。メールの添付ファイルでテキストデータを送ります。

　なお、データはテキストのみで、写真などは含まれません。

　第三者への貸与、配信、ネット上での公開などは著作権法で禁止されていますのでご留意をお願いいたします。

あて先
〒552-0001 大阪市港区波除4-1-37 HRCビル3F 解放出版社
『精神障害のある人の権利 Q&A』テキストデータ係

テキストデータ引換券
『精神障害のある人の権利 Q&A』
6125